Les autruches

Avertissement

Les propos et opinions exprimés dans cet ouvrage n'engagent que son auteur, sans aucunement engager l'organisme pour lequel il travaille : le ministère de la défense français.

ISBN : 2-35185-007-6

SARL JMG éditions
8, rue de la mare
80290 Agnières
tel. 03 22 90 11 03
fax. 03 22 90 17 28
email : jmg-editions@wanadoo.fr
www.parasciences.net

Christel Seval

Les autruches

Ce que nos politiques refusent de voir

« On s'afflige des effets mais on s'accommode des causes. »
Bossuet

« Ce qui est totalement inacceptable, c'est qu'on sait. Et qu'on ne fait rien. Et on sait que l'on court le risque que les générations futures nous disent un jour : vous aviez prévu les catastrophes, et vous n'avez rien fait... Pourquoi ? »
Serge Latouche

« Ceux qui ne se soucient pas de savoir, tout comme ceux qui s'abstiennent d'informer, sont coupables devant leur société ; ou, pour le dire en termes positifs, la fonction d'information est une fonction sociale essentielle. »
Tzvetan Todorov

« L'opinion est fondée sur l'ignorance, et l'ignorance favorise extrêmement le despotisme. »
Marat

« La méconnaissance par l'homme des données matérielles de sa vie le fait errer gravement. »
Georges Bataille

1.
Préambule

Avec les élections présidentielles qui s'annoncent, c'est le retour du débat politique droite-gauche dans toute son habituelle platitude. Allez de droite à gauche, cela trace une ligne à l'horizon, un espace à deux dimensions qui ne manque pas de richesses pour une droite (ou une gauche) euclidienne. Le monde réel, cependant, possède au moins 3 dimensions, cela est une certitude, et cette 3e dimension, que l'on est en droit d'attendre en politique, ressemble toujours à une quatrième dimension qui perd son temps, voire à une cinquième, hypothétique. Le paradigme à la vie dure.

Moi, je crie « AU SECOURS » : mes enfants, et mes futurs petits enfants sont pris en otage, ce sont eux qui vont vivre l'horreur des 100 prochaines années. En leur nom, je tire un coup de semonce : STOP.

Mesdames et messieurs, regardez la réalité en face avant de moutonner.

À gauche comme à droite, c'est le précipice assuré.

REGARDEZ D'ABORD LA RÉALITÉ EN FACE.

La planète n'a plus de pétrole, et que font les autruches ?

La planète va bouleverser son climat, et que font les autruches ?

La planète a faim, et que font les autruches ?

Le système économico-capitaliste marche sur la tête et nous envoie dans le mur, et que font les autruches ?

La Chine bouffe la planète, et que font les autruches ?

La planète s'en va-t-en guerre, et que font les autruches ?

La France cocoricotte, les autruches se prennent pour des coqs !

2.

La planète n'a plus de pétrole. Que font les Autruches ?

Un scientifique, spécialiste de l'énergie : Jean-Marc Jancovici. Un homme politique, ancien ministre et député : Yves Cochet. Un philosophe : Yves Paccalet. Un journaliste d'investigation : Éric Laurent. Un économiste : Serge Latouche.

Chacun de ces Français, représentatif dans sa spécialité, répète la même chose : **il n'y plus assez de pétrole pour assurer la continuité de notre quotidien.** Les premiers effets vont se faire sentir dans un nombre ridiculement court d'années – comptez-les sur les doigts de la main – et ce sera la fin de notre monde, un cataclysme sans précédent, meurtrier et profondément transformiste qui risque de balayer la démocratie en Occident. Ne vous rassurez pas, ces Cassandre ne sont pas fous et leur nombre va grandissant.

Les hydrocarbures nous ont livrés sur un plateau doré les lessives, les plastiques, les engrais, le textile synthétique, les pneus, les couches culottes, le skaï, le linoléum, les chaussures, les collants, les magazines, et une bonne partie des matières qui rentrent dans la fabrication et la composition des maisons, téléphones, ordinateurs, voitures, avions et fusées. (Note 1)

Or les découvertes de pétrole sont en baisse depuis 1960. 70 % à 80 % de la production de l'Arabie Saoudite et de l'Irak proviennent d'anciens gisements découverts il y a plus de 50 ans. Le miracle apparent des réserves perpétuellement croissantes provient d'un jeu d'écriture de stock et de jeux d'écritures financières. Concernant le stock, les réserves prouvées de l'an 2000 étaient constituées des réserves additionnelles non soumises à publication dans les années 1970. En réalité, notre « cadeau provisoire du passé géologique » est en voie de disparition.

L'augmentation en flèche de la consommation mondiale

En 2005, un peu moins de douze jours suffisent à consommer un milliard de barils. La tendance qui se confirme au sein de chaque pays, et donc avec un résultat nettement marqué au niveau planétaire, montre un accroissement de la demande pétrolière dans les trente ans à venir. Le président de la branche exploration d'Exxon Mobil a confirmé cette tendance. « *À l'horizon 2015*, a-t-il déclaré à ses actionnaires, *nous devrons trouver, développer et produire un volume supplémentaire de pétrole et de gaz équivalent à 8 barils sur les 10 barils produits aujourd'hui* ». En effet, la consommation de pétrole pourrait presque doubler d'ici 2050 avec l'augmentation de la population mondiale et la croissance économique.

Aujourd'hui, chaque habitant de la Terre consomme en moyenne 1,7 tonne d'équivalent pétrole (tep) par jour. Sur cette 1,7 tonne, les hydrocarbures (gaz naturel et pétrole) et le charbon fournissent 86 % de l'énergie utilisée, le nucléaire 6,5 %, l'hydraulique et les énergies renouvelables près de 8 %. La part majeure de la consommation mondiale est imputée aux transports (45 %) et à la production d'énergie (chauffage, électricité : 42 %), le reste étant dédié à la fabrication des bases pétrochimiques indispensables (solvants, résines synthétiques, détergents, engrais...) et des plastiques (8 % de la consommation). Si 95 % de l'électricité française ne dépend pas du pétrole (nucléaire + barrages), l'hexagone, comme tous les pays au monde, voit son premier poste budgétaire « énergie » occupé par le pétrole (38 %), et comme tous les pays au monde, ce poste est en augmentation constante.

La consommation américaine représente 26 % de la consommation mondiale (2,6 % pour la France) et est désormais majoritairement couverte par des importations qui atteindront 70 % d'ici 2020 selon les estimations de l'AIE (Agence Internationale de l'Énergie). À côté de cela, les États-Unis ont un concurrent sérieux comme consommateur, et donc comme importateur, la Chine, actuellement seconde consommatrice mondiale avec le Japon.

La surestimation chronique des réserves

Les réserves réelles de pétrole sont difficiles à estimer car les compagnies pétrolières et les pays producteurs ont une tendance naturelle à surévaluer les réserves pour des raisons politiques ou économiques. Ainsi, pour les pays de l'OPEP, le quota de production est directement indexé sur les réserves prouvées. En termes concrets, surévaluer leurs réserves leur ouvre la possibilité de produire davantage et entraîne l'ouverture des financements correspondants. « *Les pays occidentaux ne négocient pas avec les pays producteurs comme des partenaires, pourquoi auraient-ils l'avantage de connaître les détails sur les réserves des pays producteurs ?* » disait Ihsan Bu-Hulaiga, économiste et conseiller du gouvernement saoudien.

À ce phénomène s'ajoutent la révélation de la surévaluation chronique des réserves non-OPEP affichées par les grandes compagnies internationales, et les perspectives d'une même découverte à propos des réserves affichées par les nations détentrices, Russie en tête.

C'est pourquoi nous ne pouvons avoir que méfiance envers les chiffres consolidés fournis par l'AIE, aussi opaques qu'un écran de mazout. En France, la direction générale de l'économie et des matières premières établit les prévisions énergétiques. Comme l'AIE, la DGEMP est une optimiste qui préfère se voiler la face. Pour déchirer ce voile opaque se sont créées des associations décidées à rétablir la vérité, dont l'ASPO (Association for the Study of Peak Oil) dont nous reparlerons.

Éric Laurent, journaliste d'investigation réputé, introduit son livre *La face cachée du pétrole* par cette révélation : « *Le 31 janvier 2006, alors que le baril de brut atteignait 68,25 dollars, son cours ayant progressé de plus de 12 % depuis le début de l'année, les onze ministres de l'OPEP réunis à Vienne publièrent un communiqué lapidaire. Ils avaient décidé de maintenir leur production à son niveau actuel en dépit de l'explosion de la demande. L'explication fournie pour justifier le maintien du statu quo semblait tout à fait plausible : les prix élevés du pétrole leur garantissaient des bénéfices records.*

En fait la vérité était à l'opposé : si les membres de l'OPEP conservent le même niveau de production, c'est parce qu'ils sont désormais incapables d'augmenter leurs approvisionnements, leurs réserves, largement surévaluées, déclinant rapidement ; y compris celles de l'Arabie Saoudite, premier pays producteur de la planète. Une réalité soigneusement dissimulée. Pays producteurs, compagnies pétrolières et gouvernements des États consommateurs, du moins ceux qui sont informés, s'efforcent de cacher à tout prix cette vérité en raison de l'onde de choc qu'elle déclencherait et de ses effets sur les économies et les opinions. Ce déclin caché de l'OPEP touche également de nombreux autres pays pétroliers. Au pire moment : ce tarissement de réserves disponibles coïncide avec un accroissement sans précédent de la consommation. Sans qu'il existe le moindre recours. »

Le déclin de la production Saoudienne

Dans tous les cas de figure, pessimistes comme optimistes s'accordent pour estimer que l'Arabie Saoudite va jouer un rôle essentiel dans l'avenir proche. Non seulement ce pays est le premier producteur de brut, mais il est également le seul à disposer d'une capacité en réserve suffisante pour accroître significativement sa production en cas de crise (*Swing Producer*). Cette particularité a permis d'éviter un choc pétrolier lors de l'invasion du Koweit par l'Irak, par exemple, quand le marché s'est brusquement trouvé amputé de ces deux importants producteurs. La question de l'apport futur du pétrole Saoudien, à l'heure où la tension entre les États-Unis et l'Iran monte de plusieurs crans, est plus décisive encore.

En 2004, les projections annuelles publiées par le ministère américain de l'énergie prévoyaient une augmentation mondiale de la demande de 57 % entre 2001 et 2025. Pour y répondre, la production Saoudienne, principale source du surplus, était censée croître de 10,2 millions de bpj (barils par jour) à 22,5 millions de bpj. Cet apport Saoudien est le point clé de la satisfaction de la demande mondiale des 20 prochaines années. Mais l'Arabie Saoudite est-elle vraiment en mesure d'augmenter sa production sur le long terme ?

En février 2004, premier pavé dans la mare quand le *New York Times* signala que les principaux champs pétrolifères saoudiens étaient plus près de l'épuisement qu'on ne le supposait. Second pavé, le livre de Matthew Simmons publié en mai 2005 *Crépuscule dans le désert, la future crise pétrolière saoudienne et l'économie mondiale* (*Twilight in the Desert : The Coming Saudi Oil Shock and the World Economy*). « *Il est peu probable que l'Arabie Saoudite soit jamais en mesure de livrer les quantités de pétrole qu'on attend d'elle*, affirme-t-il. *La production saoudienne approche de son pic de production.(...) Elle est susceptible d'entrer en déclin prochainement* ». La force du livre tient à la notoriété de son auteur : M. Matthew R. Simmons est président et directeur général d'une banque d'investissement pétrolier de premier rang mondial. La *Simmons & Company International* investit des milliards dans le secteur énergétique, finance la prospection et le développement des nouveaux gisements à travers la planète. Ami de J. W. Bush et de Chesney, il est l'un des meilleurs experts dans le domaine de l'information pétrolière au monde. Son livre est une analyse technique poussée qui s'appuie sur des documents saoudiens traitant de la production sur divers champs, et des signes ne trompent pas : vieillissement des gisements, recours de plus en plus fréquent à la technique de l'injection d'eau afin de maintenir la pression souterraine, augmentation de la teneur en soufre du brut, etc. La majeure partie du pétrole est extraite d'un petit nombre de gisements gigantesques qui sont mis en exploitation intensive depuis cinquante ans. Afin de maintenir des niveaux de production élevés, les techniciens ont recours à l'injection hydraulique afin de compenser les chutes de pression dans les puits, or avec le temps, la croissance de la proportion eau/pétrole va rendre l'extraction impossible, analyse Simmons.

Les autorités commencent à prendre ce problème au sérieux puisqu'en 2005 les projections annuelles publiées par le ministère américain de l'énergie (International Energy Outlook) prédisaient une augmentation de la production saoudienne à 16,3 millions de bpj au lieu des 22,5 annoncés l'année précédente. Aucune explication à ce revirement n'a été fournie, mais on peut supposer que les analystes ont déjà commencé à infléchir la pensée officielle à Washington.

Le « Pic Pétrolier »

Le Pic pétrolier, « *Peak Oil* », désigne le moment où la production atteindra son apogée. La période de décroissance de la production qui s'ensuivra ouvrira probablement sur une crise pétrolière mondiale. Si l'on peut parler de pic de production pour un puits de pétrole déterminé, il n'est pas évident de transposer cette notion au marché global. Beaucoup de gisements ont déjà atteint leur pic de production, d'autres sont définitivement taris. Mais ce Pic recouvre une réalité indéniable : le maximum en terme de production, calculé sur une moyenne durant une période qui ait un sens. Le Pic Pétrolier correspond au fait que les réserves de pétrole conventionnel sont limitées et que la demande en pleine croissance sera bientôt supérieure aux capacités de production. Nous entrerons alors dans une phase décroissante, une économie de pénurie.

Cependant, il est difficile d'évaluer les réserves restantes. Certaines régions du monde ont été peu explorées. De plus, les gisements actuellement exploités contiennent potentiellement beaucoup de pétrole qu'on ne sait pas encore extraire. Les taux actuels d'extraction ne sont que d'environ 30 % et certains pensent – peut-être à tort – que les progrès technologiques constitueront un facteur déterminant dans l'avenir proche.

On distingue classiquement le pétrole conventionnel (celui exploité actuellement) du pétrole non-conventionnel (un pétrole qui pourrait être exploité dans le futur si on disposait des technologies adaptées). Parmi les nouveaux pétroles figure le pétrole subconventionnel, qui rassemble les ressources situées dans les grands fonds marins et les zones arctiques. L'exploration sous marine qui s'est longtemps limitée à quelques dizaines de mètres de profondeur concerne aujourd'hui des fonds compris entre 1500 et 3000 mètres. Les zones les plus prometteuses se situent au large du Brésil et de l'Angola mais les coûts de développement et d'extraction restent chers. Les bruts extra-lourds et les sables asphaltiques ont une grande densité et leur production, actuellement limitée, pourrait être dopée par la raréfaction du brut conventionnel. Les schistes bitumineux représentent un potentiel intéressant mais encore une fois, les coûts et les impacts environnementaux demeurent prohibitifs. Quant à la production d'hydrocarbure à partir du gaz, techniquement envisageable, son évolution est soumise à la valorisation des hydrocarbures liquides par rapport au gaz, à la réduction des coûts de fabrication, et au marché du gaz qui suit malheureusement les aléas du marché pétrolier: raréfaction et hausse des coûts.

Selon le scénario le plus optimiste de l'AIE, le pic de production mondial se situerait vers 2037 et les réserves mondiales sont estimées à 40 années par le groupe BP. D'après la compagnie pétrolière Total, le pic de la production mondiale de pétrole interviendra dans la décennie 2020. Mais selon l'ASPO (Association for the Study of Peak Oil), il serait imminent, voir déjà passé. Ce qui apparaît certain d'après les projections, c'est qu'une fois le déclin de la production entamé, la demande continuera de croître, ce qui conduira à des tensions fortes et permanentes sur le marché du pétrole et à l'assèchement rapide des puits : avec un déclin de 2,5 % par an, il suffira de 30 ans pour racler le fond !

Jean-Luc Wingert, auteur de *La vie après le pétrole*, affirme qu'il est impossible d'empêcher le choc pétrolier. Soit un choc progressif, avec une hausse légère chaque année, soit un choc brutal quand auront lieu les premiers problèmes de livraison. La seule voie raisonnable, d'après l'auteur, serait de faire baisser la consommation de 2 % par an, sachant qu'il y a de la même manière des risques de pénurie en gaz naturel et en uranium. « *Les gens s'attendent à ce qu'une innovation résolve le problème, mais c'est un mirage* », dit Wingert en mettant le doigt sur le véritable verrou mental qui empêche la société de réagir normalement, c'est-à-dire d'anticiper et de tirer les conclusions qui s'imposent. Non, au contraire, au lieu de penser en terme de décroissance et d'économie, nous accélérons et fonçons tête baissée vers le mur, persuadés que le miracle technologique, d'ici là, nous aura développé des solutions palliatives. Avez-vous une idée de ce que représenterait, pour les sociétés avancées, la coupure de l'alimentation pétrolière, doublée d'une raréfaction rapide de l'uranium et du gaz ? Ce serait la fin du monde, la fin d'un monde…

L'imminence du Pic pétrolier

La question occupe de plus en plus les esprits, car le pic pourrait arriver prochainement. Un rapport du gouvernement français (du ministère de l'Économie, de l'Industrie et des Finances réalisé en 2004) sur l'industrie pétrolière évoque la possibilité du Pic de production à l'horizon 2013. Un an plus tôt, il était vain d'espérer trouver mention du sujet chez les ministères ou les institutions financières. À présent, même les banques – telles que Goldman Sachs, Caisse D'Épargne/Ixis, Simmons International ou la Bank of Montreal – abordent la question. *« Elles ont été forcées par les circonstances »*, analyse le professeur Richard Heinberg, auteur de *The Party's Over (La partie est terminée)*. *« Elles ont fait confiance aux données optimistes et aux prévisions souriantes qui se sont révélées incorrectes »*. Le rapport français interroge la viabilité de la production pétrolière sur le long terme. Pour Chris Sanders, Directeur de Sanders Research, le Pic pétrolier est la menace majeure qui pèse sur nos économies modernes. *« Les gouvernements ont eu l'opportunité de prendre ce problème à bras-le-corps, mais ils ne l'ont pas fait. Maintenant, ils vont être forcés de réagir parce que nous sommes très près du Pic »*. Cette phrase est dans le rapport français, à quatre reprises.

Colin Campbell, fondateur de l'ASPO, a passé la majeure partie de sa vie dans l'exploration pétrolière sur trois continents. Il a occupé la position de géologue en chef chez Amoco, a été vice-président de Fina, et a travaillé pour BP, Texaco, Shell, Chevron Texaco et Exxon dans une douzaine de pays différents. *« De l'autre côté du Pic Pétrolier s'ouvre une longue tendance à la baisse. Le pétrole et le gaz dominent notre vie, et leur déclin va changer radicalement la face du monde d'une façon qu'il est impossible de prévoir* » dit-il. Il annonce que le pic de production global du pétrole conventionnel advient en ce moment même. Ses calculs sont basés sur les données de production historique et actuelle, des chiffres sur les réserves et les découvertes publiées par les compagnies et les gouvernements, les estimations produites par la commission américaine d'échange et de sécurité (US Securities and Exchange Commission), des entretiens avec les chefs des compagnies et sur une profonde connaissance du terrain et de la façon dont l'industrie fonctionne. « *944 milliards de barils de pétrole ont été extraits, 764 milliards sont extractibles à partir des gisements connus, ou des réserves, et quelque chose comme 142 milliards de réserves sont classées "prêtes à être trouvées", signifiant que du pétrole est attendu là. Si cela est correct, alors le Pic Pétrolier surviendra en 2006* » a-t-il déclaré. Cela signifie qu'après ce Pic, la production globale de pétrole va décliner régulièrement de 2 à 3 % par an, et que la bataille pour le contrôle des ressources pétrolières va s'intensifier.

Dites adieu à votre style de vie ! Campbell comme d'autres analystes et géologues pétroliers, dont la plupart ont été dans l'industrie durant des années, accusent les Américains de se servir de modèles statistiques biaisés – pour calculer les réserves globales – et les pays de l'Opep de revoir de façon systématique leurs réserves à la hausse. « *Les estimations des pays de l'Opep ont été systématiquement exagérées dans les années 80 pour gagner une plus grande part du gâteau. Les réserves officielles du Moyen-Orient ont grimpé de 43 % en l'espace de trois ans en dépit du fait qu'aucun nouveau gise-*

ment majeur ne soit trouvé ». D'après un rapport du US Office of Petroleum Reserves, « *les réserves pétrolières mondiales vont être absorbées trois fois plus rapidement que l'on va en découvrir de nouvelles. Le pétrole est produit à partir d'anciens gisements, mais les réserves ne sont pas réalimentées. Les réserves restantes des compagnies pétrolières vont continuer à décroître. L'écart entre l'augmentation de la production et l'amenuisement des découvertes de nouveaux champs ne peut avoir qu'une issue : une limite dans la production va être atteinte et la demande future de pétrole conventionnel ne sera plus satisfaite* ». En l'absence de discours officiel fiable et sérieux, les géologues et les analystes se tournent vers le grand-père de l'analyse pétrolière, King Hubbert, un géologue de la Shell qui démontra mathématiquement en 1956 que l'exploitation de n'importe quel champ de pétrole suivait une loi prédictible, une courbe en cloche, lente à décoller, qui se redresse abruptement, s'aplatit et descend ensuite abruptement. Il réussit à prédire avec exactitude que la production intérieure de pétrole américain connaîtrait un pic dans les années 1970, quarante ans après la pointe du pic de découverte situé dans les années 1930. Beaucoup d'analystes prennent maintenant au sérieux le modèle du Pic de Hubbert, tandis que les compagnies font la grimace. Des schémas similaires de pic de production ont été décelés à propos des principaux champs de pétrole à travers le monde. La première découverte en mer du nord date de 1969, avec un pic de découverte en 1973, et le Royaume Uni dépassa son pic de production en 1999. La portion britannique du bassin d'exploitation de la mer du nord est à présent en sérieux déclin et le secteur Norvégien s'est stabilisé. Le groupe Herold (US Wall street energy group Herold) a annoncé récemment que les sept plus grands gisements vont tous commencer à voir leur production décliner dans les quatre prochaines années. Selon Chris Zkrebowski, éditeur de la revue *Petroleum*, un magazine mensuel publié par l'Energy Institute de Londres, les réserves de pétrole conventionnel déclinent, dès à présent, de 4 à 6 % par an au niveau mondial. Il rapporte que 18 grandes nations productrices, incluant la Grande-Bretagne, et 32 mineures, voient leur production diminuer, tandis que le Danemark, la Malaisie, Brunei, la Chine et l'Inde vont atteindre leur pic de production dans les prochaines années. « *Nous devrions être alarmés. Le temps est court et nous n'avons pas encore admis que nous avions un problème*, analyse Zkrebowski. *Le problème est que le Pic arrivera en 2008 selon moi, et c'est demain en terme de planning* ». La consommation de l'Inde va croître de 30 % dans les cinq seules prochaines années. La consommation chinoise a augmenté de 17 % l'an passé, et va doubler dans les 15 ans qui viennent. C'est, disent la plupart des géologues, presque inconcevable. Selon IHS Energy, une société de consulting, 90 % des réserves connues sont en production, ce qui implique que des découvertes majeures devraient être réalisées pour tenir cet échéancier. Or, « *Toutes les découvertes majeures datent des années 1960, depuis, les gisements ont décliné graduellement*, dit Campbell. *Le monde entier a fait l'objet de recherches sismiques et a été perforé de part en part. La connaissance géologique s'est considérablement accrue dans la dernière trentaine d'années et il est pratiquement inconcevable qu'il reste des gisements majeurs à découvrir* ».

Éric Laurent fait un constat extrêmement dérangeant : les livres publiés au cours des dix dernières années aux États-Unis sur la question du pétrole ne citent pas King Hubbert. Les travaux d'Hubbert sont si subversifs qu'ils menacent la sécurité du pays. Pour la France, ce n'est guère plus reluisant : la Cité des Sciences et de l'Industrie à Paris a entrepris une démarche irresponsable en présentant en 2004 une grande exposition intitulée « *Pétrole, nouveaux défis* » sans la moindre allusion au pic de Hubbert. Surtout n'effrayons pas la population…

(Ce n'est pas un pic, ce n'est pas un cap, c'est une péninsule !)

Les solutions de remplacement

En mai 2006 Thierry Breton incite les Français à rouler à l'économie. Le gouvernement veut accélérer le chantier de l'énergie verte. « *Le pétrole est désormais une denrée rare et chère* » déclare le ministre des finances. Il veut que chaque pompe soit équipée d'un panonceau reprenant les recommandations d'économie. On n'a pas de pétrole mais on a des idées ! On ressort des placards les slogans « antigaspi ». Le développement des biocarburants a la faveur de Bercy qui affiche la volonté de doubler la production de bioéthanol d'ici 2010. Renault s'est engagé à proposer d'ici 2009 la possibilité de choisir sur la moitié de sa gamme entre un moteur essence et un moteur mixte essence-biocarburant du type flexfuel. Bravo ! Avec des annonces de ce genre, le Français est rassuré, le gouvernement prend les choses en main, et la technoparade défile en menaçant de mettre le pétrole au rencard. Malheur ! On préférerait qu'il n'y ait point d'annonce de ce genre qui fait pis que pendre. Avec ces effets médiatico-lénifiants, on repousse la prise de conscience à toujours plus loin, plus tard, trop tard. Car le bio carburant est de la poudre aux yeux, et les incitations à l'économie sont des mesurettes solubles dans la crise qui nous pend au nez (1). Les Bretonnettes sont une couche de

1. a contrario le système Pantone est peut-être une partie de solution, mais personne n'en parle, voir dossier Pantone en Annexe V

vernis électoraliste, d'autant plus scandaleuses qu'elles s'appuient sur une vérité vraie : le pétrole est désormais une denrée rare et chère. On n'a pas de pétrole, on n'a pas d'idées non plus !

« Comment ! Vous insurgerez-vous, le biocarburant tant vanté n'est pas la panacée ? Pourtant les voitures brésiliennes roulent à la canne à sucre ! » Sachez qu'en France les transports consomment 50 millions de tonnes de pétrole annuellement. Jouer la carte du biocarburant de remplacement nécessiterait de planter une surface de 50 millions d'hectares de colza ou de tournesol ou de tout autre procédé tel que la gazéification du bois, sur une France qui n'en compte que 55 millions ! Voilà où est le bluff, c'est une carte médiaticopolitique que l'on agite pour calmer les attentes et se donner bonne conscience. En réalité, c'est une tromperie.

En 2000, la production mondiale de biocarburant n'a représenté que 0,3 % de la consommation pétrolière. Alors, que reste-t-il ? Regardons les éoliennes qui ont le vent en poupe et nous tournent la tête. Encore de la poudre de perlimpinpin. Il en faudrait des milliers pour remplacer une seule centrale au charbon, et des centaines de milliers pour couvrir les besoins électriques d'un pays comme la France. Leur délocalisation en mer conjuguée à l'augmentation de leur taille contribue à leur vedettisation, de façon imméritée sur le plan de l'efficacité énergétique. Rendez-vous compte : en 2005 l'éolien fournit 0,05 % de l'énergie planétaire ! (le solaire thermique moins de 0,05 %, le solaire électrique (photovoltaïque) moins de 0,001 %, la géothermie 0,5 %, le bois 10 % et les barrages hydroélectriques 5 %). Que reste-t-il comme solution, l'hydrogène ? Attention, on ne le trouve pas dans la nature comme le vent ou le gaz, il faut le fabriquer, et cela coûte extrêmement cher. Puis son stockage et son transport sont d'immenses pièges technologiques qui n'ont pas trouvé aujourd'hui de solutions à coûts acceptables. C'est un leurre à court terme. De surcroît, une production massive d'hydrogène entraînerait des fuites considérables (molécule championne de la petitesse, véritable « Houdini » du nanomonde, elle excelle à s'échapper de ses geôles) et des rejets dans l'atmosphère qui aggraveraient l'effet de serre, tout ce que l'on recherche !

Aucune de ces filières « renouvelables » ne va malheureusement nous servir dans les 20 prochaines années pour régler notre problème, le bois et l'hydroélectrique ayant atteint leur rendement maximum. L'erreur répandue est de penser que la croissance des filières « renouvelables », qui est une réalité, s'accompagne d'une décroissance compensatrice de la filière « fossile », or celle-ci croit encore plus vite ce qui signifie que l'arrivée des moulins à vent et autres gadgets ne compense même pas l'augmentation de la consommation d'énergie d'une année sur l'autre !

Les solutions « YAKA » sont du domaine du fantasme et du discours politique : les voitures rouleront à l'huile d'artichaut, les avions voleront à l'hydrogène, les ordinateurs fonctionneront à l'énergie solaire ou à manivelle, les engrais seront bios, les nouveaux plastiques seront des substituts à base de maïs, la lumière dispensée par les ampoules à basse consommation proviendra de l'électricité des centrales nucléaires (ce qui est vrai en France mais quasiment pas dans le reste du monde) et tout ira de mieux en mieux dans un monde propre et bio.

D'accord. Euthanasiez 6 milliards d'individus et on pourra se payer ce luxe. Avec six milliards d'hommes consommant ne serait-ce qu'une tonne de pétrole par an, alors qu'un français moyen en engloutit quatre à lui seul aujourd'hui (malgré son nucléaire), nous sommes face à un mur : **notre mode de vie non durable touche à sa fin.**

Seul prétendant efficace, sans avoir cependant la capacité de répondre à tous les besoins : le nucléaire (il ne peut ni faire voler les avions ni produire des pneus). Jean-Marc Jancovici pointe la difficulté du passage au seul concurrent technologique crédible : selon ses calculs, ce sont 8 000 surgénérateurs nucléaires (afin de pallier le déficit d'uranium 235) qu'il faudrait construire dans le monde pour subvenir à 75 % des besoins en électricité dans les 50 ans à venir, c'est-à-dire construire un réacteur nucléaire tous les deux jours et demi ! Malheureusement, bon nombre de pays n'ont pas de quoi se payer la construction et la maintenance de ces cathédrales (à 1,5 milliard d'euros le réacteur, il faudrait investir 12 000 milliards d'euros ! Hors de portée), et d'autres n'ont pas le profil acceptable (pays islamistes ou instables). Quant aux pays nantis en quête de nucléaire, ce sont leurs populations qui refuseront tout net. Les effets de Tchernobyl et les « idéaux » écologistes sont passés par là. La mobilisation de capitaux et le temps nécessaires à un tel projet (on ne construit pas une centrale en cinq minutes) le réduiront de toutes les façons à une portion insuffisante de la couverture électrique souhaitable.

Que reste-t-il dans notre chapeau de magicien technologique ? Rien. Nous avons épuisé le mythe de la « substitution ». La fusion nucléaire, nous dira l'élève studieux ? Le futur réacteur ITER qui sera construit à Cadarache ne saurait déboucher sur des applications industrielles avant un paquet de décennies, assorti de très sérieux doutes sur sa capacité. Pour le prix Nobel de physique Pierre-Gilles de Gennes, Bruxelles s'est ruée sur le réacteur expérimental ITER sans avoir mené aucune réflexion sérieuse sur l'impact de ce gigantesque projet. « *Avant de construire un réacteur chimique de 5 tonnes, on doit avoir entièrement compris le fonctionnement d'un réacteur de 500 litres et avoir évalué tous les risques qu'il recèle. Or ce n'est absolument pas comme cela que l'on procède avec le réacteur expérimental ITER (...) On n'est pas capable d'expliquer totalement l'instabilité des plasmas ni les fuites thermiques des systèmes actuels. On se lance donc dans quelque chose qui, du point de vue d'un ingénieur en génie chimique, est une hérésie. (...) Et puis, j'aurais une dernière objection. Connaissant assez bien les métaux supraconducteurs, je sais qu'ils sont extraordinairement fragiles. Alors, croire que des bobinages supraconducteurs servant à confiner le plasma, soumis à des flux de neutrons rapides comparables à une bombe H, auront la capacité de résister pendant toute la durée de vie d'un tel réacteur (dix à vingt ans), me paraît fou. Le projet ITER a été soutenu par Bruxelles pour des raisons d'image politique, et je trouve que c'est une faute.* » Le physicien Jean-Pierre Petit stigmatise également ITER, pour lui, cette machine à vapeur du XXIème siècle ne marchera jamais (Note 2), alors que d'autres voies concernant la fusion nucléaire sont à explorer prioritairement, comme celle de la Z-Machine (Note 3).

Les conséquences

Seul dans le paysage politique français, le député écologiste de Paris Yves Cochet, ancien ministre de l'aménagement du territoire et de l'environnement, a pris la mesure du problème.

Que font les autruches ?

Dans un article magistral publié dans le journal *Le Monde*, Yves Cochet déclare :

« Dans quelques années, la production mondiale de pétrole conventionnel déclinera tandis que la demande mondiale ne cesse de croître. Le choc résultant de cette famine pétrolière structurelle est inévitable, tant sont importantes la dépendance de nos économies au pétrole bon marché et l'impossibilité concomitante de les en sevrer rapidement.

Nous pouvons seulement espérer amortir ce choc, à condition que cette perspective proche devienne dès aujourd'hui le repère unique d'une mobilisation générale de nos sociétés, imposant des conséquences drastiques dans tous les secteurs sous peine de chaos.

(…)

Les secteurs les plus touchés par la hausse continue des cours du pétrole brut seront d'abord l'aviation et l'agriculture productiviste, dont les prix du kérosène pour l'une et ceux des fertilisants azotés ainsi que du gazole pour l'autre sont assez directement liés au prix du brut.

Ceci sans la souplesse politique stabilisatrice permettant, pour un temps et dans d'autres secteurs, de baisser les taxes sur le pétrole lorsque les prix montent. Puis, les transports terrestres, le tourisme, la pétrochimie et l'industrie automobile subiront les effets dépressifs de la diminution de la quantité de pétrole (déplétion). Jusqu'à quel point cette situation conduira-t-elle à une récession générale ? Nul ne le sait, mais l'aveuglement des politiques et le panurgisme panique coutumier des marchés peuvent nous laisser craindre le pire.

Cette prophétie certaine est universellement ignorée, déniée ou sous-estimée. Rares sont ceux qui mesurent exactement l'imminence et l'ampleur de son avènement. Michael Meacher, ancien ministre de l'environnement du Royaume-Uni (1997-2003), écrivait récemment dans le Financial Time qu'à défaut d'une prise de conscience générale et de décisions planétaires immédiates de changements radicaux en matière d'énergie, "la civilisation affrontera le plus aigu et sans doute le plus violent bouleversement de l'histoire récente".

Si nous voulons néanmoins maintenir un peu d'humanité à la vie sur Terre dans les années 2010, nous devons, comme le suggère le géologue Colin Campbell, appeler les Nations unies à convenir aujourd'hui d'un accord fondé sur les objectifs de garantie, pour les pays pauvres, d'importer encore un peu de pétrole ; d'interdiction de tirer profit de la pénurie pétrolière ; d'incitation aux économies d'énergie ; de stimulation des énergies renouvelables. Pour atteindre ces objectifs, l'accord universel devra mettre en œuvre les mesures suivantes : chaque État réglementera les importations et les exportations de pétrole ; aucun pays exportateur de pétrole ne produira plus de pétrole que ne lui permet son taux de déplétion annuel scientifiquement calculé ; chaque État réduira ses importations de pétrole à un taux de déplétion mondial convenu.

Cette priorité nécessaire accordée à l'économétrie physique disconviendra aux économistes et aux politiques, notamment américains. Les gouvernements successifs des États-Unis n'ont jamais accepté la remise en cause du mode de vie américain. Depuis le premier choc pétrolier de 1973-1974, toutes les interventions militaires américaines peuvent être analysées à la lumière de la crainte du manque de pétrole bon marché. (...)

Plus de trente ans de souci pétrolier n'ont pas dessillé les yeux des dirigeants américains et européens sur la crise énergétique qui se profile à court terme. Malgré ce que disaient René Dumont et les écologistes dès la campagne présidentielle de 1974, les gouvernements des pays industrialisés ont continué et continuent à croire au pétrole bon marché quasi inépuisable — au détriment du climat et de la santé humaine, détraqués par les émissions de gaz à effet de serre — plutôt que d'organiser la décarbonisation de leurs économies.

Cependant, le choc pétrolier qui s'annonce avant la fin de la décennie ne ressemble pas aux précédents. Cette fois-ci, la partie n'est plus géopolitique, elle est géologique. En 1973 et 1979, la pénurie était d'origine politique, décidée par l'OPEP. Puis il y eut restauration de l'offre. Aujourd'hui, ce sont les puits eux-mêmes qui déclinent. Même si les États-Unis parvenaient à imposer leur hégémonie sur tous les champs pétroliers du monde (hors Russie), leur armée et leur technologie ne pourront rien contre la déplétion prochaine du pétrole conventionnel. Il nous reste de toute façon trop peu de temps pour remplacer un fluide aussi bon marché à produire, aussi énergétique, aussi facile d'emploi, de stockage et de transport, aux utilisations aussi multiples (domestique, industrielle, carburant, matière première…) et réinvestir en moins de dix ans 100 000 milliards de dollars dans une autre source d'abondance qui n'existe pas.

(…) Sans attendre ce délicat accord international, nos nouveaux élus régionaux et nos prochains élus européens devraient s'attacher en toute priorité à réaliser localement les objectifs de ce projet en organisant sur leurs territoires la décroissance pétrolière. À défaut, le rationnement viendra du marché par l'escalade prochaine des prix du pétrole, puis, par propagation de l'inflation, le choc atteindra tous les secteurs. À bientôt 100 dollars le baril, ce ne sera pas un simple choc pétrolier, ce sera la fin du monde tel que nous le connaissons. »

Détaillons cette fin du monde. L'économie matérielle mondialisée repose sur l'existence de transports bon marché à longue distance, tant pour les biens – croissance du trafic de poids lourds et aériens, denrées exotiques sur nos marchés toute l'année, objets fabriqués par les travailleurs sous-payés du tiers-monde – que pour les personnes et les services. L'approvisionnement du citoyen-consommateur repose sur la délocalisation et la désaisonalité, via des canaux de transport et de distribution planétaires qui engloutissent des montagnes de carburant. Le secteur agricole utilise une mécanisation et des engrais gourmands en pétrole – l'énergie fossile a remplacé 90 % des agriculteurs européens par des tracteurs et des engrais. Enfin les industriels ont besoin d'être fournis, de faire fonctionner leur pool de machines, de distribuer, tout cela ne marchant pas au jus de chaussette. Augmentez les prix à la pompe, pour cause de pénurie structurelle, et les transporteurs seront les premiers touchés : exit l'aviation civile de masse, l'aviation de fret, les poids lourds pour livrer les supermarchés. Ce seront ensuite les bateaux de pêche qui arrêteront de naviguer, l'ensemble de l'agriculture productiviste qui ralentira sa cadence. Les citoyens n'oseront plus prendre leur voiture, les travailleurs éloignés de leurs sites de production seront confrontés à un dilemme. Le coût d'extraction des matières, de leur transformation jusqu'aux produits finis grimpera en flèche. La première conséquence dans un pays non préparé sera une forte augmentation du chômage. Les statistiques des 20 dernières années sur les pays de l'OCDE affirment que lorsque le pétrole devient cher, la croissance fléchit l'année suivante et le chômage augmente dans les trois ans. Ce processus sera non local et tendra vers une récession globale. La dernière fois que le PIB s'est contracté de manière significative, en 1929, il fallut 20 années de vaches maigres et une guerre mondiale pour en sortir !

Donc advenue d'une crise économique durable et profonde, frappant les pays industrialisés et générant un chômage de masse, une pénurie alimentaire concernant les aliments délocalisés, une pénurie de produits de consommation courante, etc. La fin de l'énergie bon marché ne permettra aucune stratégie alternative consommatrice en énergie et la crise s'enferrera, la récession entraînant la dépression. Fragilisées, les sociétés se replieront sur elles-mêmes et entreront en conflit pour l'eau, le pétrole et les matières premières. Ce ne sera pas une catastrophe locale mais une crise systémique globale, à laquelle il serait étonnant que les sociétés humaines ne répondent pas par l'oppression.

Entre 2010 et 2020 probablement, continuant sur notre lancée consumériste sans rien avoir modifié de nos habitudes, la grande déplétion nous frappera de plein fouet. Imaginez un baril à 300 dollars et dont le prix ne pourrait que grimper. Les transports seraient paralysés, la production agricole considérablement freinée, la distribution exsangue. Les rayons vides des Carrefours, Champions, Leclerc, la fermeture des restaurants, des magasins de vêtements, les problèmes de chauffage et d'approvisionnement d'eau donneraient rapidement la mesure du problème à la population qui céderait à l'affolement. Seule l'armée s'opposerait un temps au pillage, au vandalisme, aux bandes de détrousseurs. Les centres urbains dévitalisés se dépeupleraient. Cependant la campagne n'a plus la capacité, comme en 1940, d'accueillir des millions de ressortissants en quête de nourriture et d'eau. Guerre civile, guerre de survie… N'entrons pas dans le domaine de la science-fiction, mais soyons réalistes : sans aucune préparation au choc, notre société sera pulvérisée.

L'arrivée au pouvoir de despotes et l'utilisation de la force pour sortir certains pays de la crise est hautement probable avec un risque de conflagration mondiale. À la différence de 1940, le resserrement de la manne naturelle avec la diminution des ressources en eau potable, des rendements agricoles, l'arrivée des pollutions en tous genres, et l'existence d'un facteur démographique aggravant, la conflagration ne serait plus idéologique mais mue par le moteur animal de la survie. Le pire est que les forces en présence ne s'opposeraient plus avec de l'armement classique mais avec des armes nucléaires ainsi qu'avec d'autres horreurs susceptibles de nettoyer rapidement le globe de la race responsable de ce scandale.

Le pourquoi du « déni »

Le message sur la déplétion pétrolière, la pénurie progressive qui s'invite, l'inflation qui en résultera et les risques augmentés de guerres reste pour le moment un cri dans le désert. Le supplément au journal *Libération* du 29 mai 2006 intitulé « *Vive le pétrole cher, pourquoi la hausse du baril est une chance pour bouger notre monde* » annonçait que le baril à 300 dollars n'est plus un mythe. Il faisait le constat suivant: « Q*ui, hormis les scientifiques économistes, anthropologues, écologues, agronomes, physiciens de l'atmosphère et ONG, s'inquiète de la facture des coûts externes engendrés par une planète shootée au pétrole ? Pas les politiques.* »

Car le paradoxe politique est là: tout élu, tout candidat qui proposerait aujourd'hui des restrictions pétrolières y gagnerait une impopularité propre à le démissionner ou à le faire battre dès la prochaine élection. Ce ne sera donc qu'avec l'arrivée des pénuries réelles et des prix astronomiques des carburants que les citoyens, et leurs représentants politiques, réagiront. La position autruchienne « tête dans le sable » s'explique aussi par d'autres paramètres sur lesquels nous insisterons dans le chapitre suivant.

La vraie, la seule solution

L'humanité a consommé autant de pétrole entre 1859 et 1980 qu'entre 1980 et 2000, et même si l'échéance précise du pic reste sujet de débat, la décroissance de la production pétrolière est inéluctable à une échéance de 5 ou 10 ans, tandis que la demande ne fera que croître et que notre système économico-politique n'a prévu aucune alternative viable. Alors, cher Père Noël, à l'aide de ma plus belle plume je m'empresse de te commander un gros cadeau, si gros que j'ai bien peur qu'il ne passe pas par la cheminée : « Organiser la décroissance de la consommation et des échanges de matières et d'énergie, orienter l'économie vers une perspective d'autosuffisance décentralisée, tout en sauvegardant la solidarité, la démocratie et la paix (Note 4) ». Merci Père Noël.

Notes :

1 : La fabrication des chaussures achetées en France annuellement, (243 millions de paires) réclame 15 millions de litres de pétrole.

2 : Ce que dit Jean-Pierre Petit à propos d'ITER : « J'ai soulevé le grave problème du refroidissement du plasma du fait des pertes radiatives, liées à l'arrachement des noyaux lourds de la paroi. En effet le plasma de fusion, à cent millions de degrés, est « collisionnel ». Il est en état d'équilibre thermodynamique. La distribution des vitesses est donc en « courbe en cloche ». Si les vitesses d'agitation thermique sont proches d'une valeur moyenne < V > il existe des « queues de distribution Boltzmaniennes » avec des particules plus lentes et d'autres plus rapides. Aucune barrière magnétique ne peut réfléchir ces dernières, (grâce à l'effet de gradient de champ magnétique constituant le confinement dans l'enceinte toroïdale). Il y aura nécessairement des noyaux d'hydrogène qui, franchissant cette barrière magnétique s'en iront détacher des noyaux des atomes constituant la paroi. Ceux-ci s'ioniseront en portant une charge Z. Or la puissance radiative varie comme le carré de la charge ionique Z. C'est cela qui a entraîné l'étouffement du plasma de la machine de Culham, en Angleterre, au bout d'une seconde de fonctionnement, alors que la durée de fonctionnement de son champ magnétique aurait dû permettre un fonctionnement de plus grande durée (10 à 20 secondes). Je dis que c'est exactement ce qui se passera avec ITER. On nous promet des minutes de fonctionnement, mais celui-ci n'excédera pas dix secondes. Alors on nous demandera encore plus d'argent pour construire un « super ITER », grand... comme un hall de gare. Tout ceci n'est pas sérieux. On n'engage pas de telles dépenses quand les problèmes de fond n'ont pas été résolus. En l'état ITER est un jouet de luxe.

3 : Les Chercheurs de Sandia (Albuquerque, Nouveau Mexique) Chris Deeney, Christine Coverdale et Victor Harper-Slaboszewicz, suite aux travaux initiés par Gerold Yonas il y a plus de trente ans (fusion par faisceaux d'électrons) ont poussé la Z-machine vers de nouvelles limites en tant que puissante source de rayons X destinée à tester la résistance de matériaux soumis aux fortes irradiations émanant des explosions nucléaires. Pendant ces expériences la machine de Sandia a délivré 100 kilojoules d'énergie sous 4,8 keV, des plasmas dont la température a dépassé **deux milliards de degrés Kelvin**, une température plus élevée que celle qui règne au cœur des étoiles (20 millions de degrés au centre du soleil). À cette température se situent des réactions de fusion (Lithium-hydrogène à 500 millions de degrés et Borr-hydrogène à un milliard de degrés) qui, ne produisant que de l'hélium, n'engendrent aucune radioactivité ni déchets. Ce genre de machine non polluante serait beaucoup moins coûteuse à mettre sur pied que cette cathédrale pour ingénieurs qu'est ITER. Voir le site *jp-petit.com*.

4 : Phrase d'Yves Cochet.

3.

La planète va bouleverser son climat. Que font les autruches ?

La fin du pétrole est une aubaine !

Je le pense sincèrement : nous n'avons plus de pétrole, tant mieux, quelle aubaine ! Car si nous en avions tant et plus, rien ne viendrait freiner le train en marche, aucune politique de substitution ne viendrait s'interposer entre nous et le mur qui se rapproche à toute vitesse, celui du bouleversement climatique cette fois, aux conséquences bien plus graves que celles induites par la pénurie d'énergie fossile. Le pétrole que l'on brûle représente des émissions de CO_2, gaz à effet de serre qui contribue à la catastrophe en devenir. Quelle catastrophe ? Les messages des médias sur cette question sont infantilisants, irresponsables et dangereux car tronqués, par un effet répétitif du syndrome de l'autruche. Nous sommes en réalité engagés dans une course contre la montre pour stopper les émissions de CO_2 et limiter le « surchauffement ». Ce terme absent des dictionnaires vaut mieux que le pâle « réchauffement » climatique qui n'a rien d'un épouvantail redoutable et dissuasif. Quand on se réchauffe, c'est plutôt sympathique, que ce soit sous le soleil ou devant un bon chocolat fumant. Or quand la planète surchauffe, il y a matière à s'inquiéter, le moteur climatique est en train de claquer...

Nos élus sont « à l'ouest »

Pour la première fois en France, dans le rapport de la « Mission d'information parlementaire sur l'effet de serre »rendu public le 12 avril 2006, des élus de divers bords politiques ont mis en cause « *tous nos modes de production et de consommation* ». Le changement climatique est selon eux « *le défi principal que nous ayons à relever au cours de ce siècle* ». Fort bien débuté. Malheureusement, le reste vient tout gâcher lorsqu'ils concluent par cet oxymore : « *la lutte contre l'effet de serre ne doit pas être contraire à la croissance* ». Le clair-obscur de ce raisonnement politique est affligeant. Nous avons raté là une occasion majeure de prendre le problème à bras-le-corps. Alors que toutes les études établissent un lien direct entre la croissance des activités humaines et le réchauffement, nos parlementaires adressent une lettre au Père Noël en imaginant une fiction intenable ! C'est précisément cette annonce, digne du Père UBU, qui m'a fait entrer en campagne et produire ce livre d'indignation : l'incompréhension des responsables est abyssale, elle me rappelle cette boutade : « hier, nous étions au bord du précipice, aujourd'hui, nous avons fait un grand pas en avant ! ».

En effet, depuis que la croissance économique est quantifiée et mémorisée, cette croissance s'est toujours accompagnée d'une augmentation des émissions de CO_2 fossile. Depuis la révolution industrielle en 1860, l'utilisation du charbon, du gaz et du pétrole, qui engendre l'effet de serre responsable du réchauffement, n'a cessé de croître. « *Tout individu souhaitant la poursuite de la croissance économique souhaite aussi, même s'il ne s'en rend pas compte, la poursuite de la hausse des émissions de CO_2 fossile.* » assène Jancovici, spécialiste mondial de la question. Pour quelle raison ? Parce que personne ne dispose aujourd'hui de recette techno-magique pour séparer « croissance » et « réchauffement dû au CO_2 humain », tout simplement. Le « YAKA » des députés est pire qu'un vœu pieux, c'est une tromperie qui projette de la poudre de sommeil sur la conscience populaire. C'est comme s'ils déclaraient « il n'y a qu'à faire rouler les voitures SANS dépenser d'énergie » : cela a un sens au niveau de la syntaxe et de la sémantique, un sens politique et populiste que l'on comprend bien, cela n'en a aucun au niveau de la physique.

Introduction à la bombe climatique

Tout d'abord, nous sommes habitués à vivre avec des écarts de température de 50 degrés entre le pic de froid de l'hiver et le pic de chaleur de l'été, et de 10 à 20 degrés chaque jour entre le petit matin et l'après midi. Autant dire que l'implication d'une élévation de la température de 2 à 5 degrés sur l'ensemble du climat ne nous apparaît pas comme une catastrophe, mais comme un ennui mineur dont on s'accommodera. À entendre les médias, les conséquences du réchauffement climatique n'ont pas de quoi effrayer un enfant de trois ans : d'ici 50 ans, le Club Med devra reconstruire ses cases quelques mètres plus haut, les ouragans seront monnaie courante – mais pas chez nous – les canicules estivales seront plus fréquentes – j'adore la chaleur, plus besoin d'aller au Maroc – les sécheresses aussi – du coup les primeurs d'Italie, de Grèce et de Tunisie céderont la place à la production de nos vaillants agriculteurs. Quant aux famines africaines, elles ont toujours existé et ce n'est pas ça qui ira nous hanter.

Penser ainsi est une fantastique erreur d'appréciation très mal corrigée par les messages issus de la communauté scientifique. Ce qui mérite une explication : le dernier âge glaciaire du XVIIème siècle en Europe, lorsque le glacier Blanc rejoignait le glacier Noir sur les terres de Madame Carle dans les Hautes Alpes, ne fut la conséquence que de la baisse d'un petit degré de la moyenne des températures. Quand il s'agit de 5 degrés de variation de la moyenne, cela s'appelle un changement climatique de première grandeur : 5 degrés en moins remontent à une époque de 15 000 ans où les glaciers alpins s'écoulaient jusqu'à Lyon et où les mammouths se baladaient dans le midi de la France, la Sibérie de l'époque. Alors, 5 degrés en plus... vous comprenez le malaise ?

La seconde erreur d'appréciation des élus, des médias, et a fortiori de la population, est de considérer que le changement climatique est un problème comme un autre, dont on s'occupera plus tard, quand il viendra toquer à nos portes. C'est que l'homme utilise ses expériences passées pour gérer les problèmes, et qu'il a l'illusion que cette méthode éprouvée fonctionnera toujours : il va faire chaud ? On s'organise, on prévoit de climatiser, d'informer, de réduire la ponction d'eau pour arroser le gazon, de mettre les vieux à l'ombre, et le succès est garanti. Mais l'homme n'a jamais eu à affronter une transformation différée d'une amplitude extrême sur la globalité de l'écosystème. Penser que le problème n'est pas grave puisque nous n'en voyons pas encore les conséquences revient à considérer que l'amiante est inoffensif tant que personne ne s'en est plaint ! L'inertie du phénomène nous le cache, mais les scientifiques savent que si nous stoppions aujourd'hui toute émission nocive, il faudrait des milliers d'années pour que le taux de CO_2 ne revienne à ce qu'il était en 1860. Nous pourrions alors espérer une STABILISATION des phénomènes d'interaction positive qui contribuent à accélérer le processus de réchauffement, mais pas le réchauffement lui-même. Celui-ci est inéluctable. « *Quoi que nous fassions aujourd'hui, l'évolution climatique des 20 prochaines années est à peu près scellée, et nos descendants devront s'en accommoder, que cela leur plaise ou non* », déclare Jancovici.

Qu'est-ce qui contribue au réchauffement ?

« Deux ans à peine après les attentats du 11 septembre, le conseiller scientifique de Tony Blair déclare de façon fracassante que la véritable menace n'est pas le terrorisme, mais le changement climatique déclenché par le réchauffement global. Au même moment un rapport du Pentagone développe comment le changement climatique va entraîner une dislocation de l'ordre mondial, et comment les États-Unis doivent s'y préparer, en particulier de façon militaire.

Pendant ce temps, la température de l'Arctique augmente à une vitesse sans égale dans l'histoire géologique de la Terre, la banquise disparaît, de même que les glaciers terrestres. La vallée du Gange, avec ses centaines de millions d'habitants, est menacée à l'horizon de vingt ans par la disparition des glaciers himalayesques, l'Antarctique occidental est en train de fondre et se fragmente, alors qu'il joue un rôle fondamental dans la régulation de la température atmosphérique. Les grandes régions agricoles terrestres sont sous pression, de même que le cycle de l'eau, avec toutes les conséquences sociales, politiques et stratégiques qui en découlent. Les modifications de température et la globalisation des transports facilitent la diffusion de nouvelles maladies, et pèsent sur la biodiversité qui assure le recyclage de l'eau, de l'air et des sols. Le climat change, à un rythme inconnu de l'humanité, et entraîne l'apparition d'une menace nouvelle et globale ». Ainsi introduit par Jean-Michel Valantin, docteur en études stratégiques, dans son livre récent *Menaces climatiques sur l'ordre mondial*, le ton est donné : le sujet est grave et il est nécessaire de lui fournir un cadre géostratégique afin de l'appréhender véritablement dans toutes ses dimensions.

L'effet de serre contribue au réchauffement

L'atmosphère est capable d'absorber plus de 3 milliards de tonnes de carbone par an sans que le climat en soit affecté. Or le taux actuel de diffusion est de 6 à 7 milliards de tonnes par an, ce qui se traduit par l'intensification de l'effet de serre (voir en annexe I le dossier : *Réduire les émissions de gaz à effet de serre à 3 milliards de tonnes*).

Les récentes analyses traduisent l'émergence d'une compréhension nouvelle, fondée sur la conscience que le monde, en tant que stock de ressources, est fini. Il en résulte un nouveau conflit entre cette compréhension et les habitudes de domination de la nature. Les principaux gaz à effets de serre sont l'eau, sous forme gazeuse, le gaz carbonique, le méthane, dont la capacité de rétention de chaleur est vingt fois supérieure à celle du CO_2, et un certain nombre d'autres. Ces gaz sont produits par l'emploi massif des hydrocarbures pour la production d'énergie et pour les transports et par l'emploi massif d'engrais chimiques dans l'agriculture. Ces gaz ralentissent le cycle de dispersion de la chaleur atmosphérique dans l'espace et accentuent sa conservation, causée à la fois par l'exposition au soleil, par l'activité géothermique et par les activités humaines. Il en découle une altération progressive du climat qui fut d'abord insensible à l'échelle humaine durant les deux premiers siècles de l'industrialisation, mais qui le devient nettement aujourd'hui.

Depuis que l'homme enregistre les températures, les années postérieures à 1990 sont les plus chaudes jamais constatées dans l'histoire. Les incertitudes scientifiques ont déserté le terrain qui voyait s'opposer les avis autour de la question de l'existence de l'intensification de l'effet de serre. Il y a unanimité aujourd'hui pour reconnaître ce phénomène (note 1). La question actuelle qui fait débat est de connaître l'augmentation exacte de température durant ce siècle et d'interpréter ses conséquences sur l'environnement. Il est certain que de plus en plus d'autorités scientifiques acceptent l'idée d'un réchauffement compris entre 2 degrés et 10 degrés, donnant lieu à un climat inconnu sur Terre depuis des dizaines de millions d'années.

La Nature est exploitée sans pitié, à la fois en raison du caractère implacable d'une volonté collective de développement matériel, et par messianisme historique. Cette « weltanschauung », cette vision religieuse du monde est active lors de la période qui assoit la domination des oligarchies texanes, maîtresses du pétrole, dans la seconde moitié du XIXème siècle. Alors que la population des États-Unis représente aujourd'hui 4 % de la population mondiale, elle est responsable de 25 % des émissions globales de gaz à effet de serre, et est le plus gros pollueur mondial. « *L'habitus national américain est pénétré de l'idée qu'elle est une nation exceptionnelle, bénie de Dieu, surgie de l'expérience agonistique de la « Frontière » qui consiste à repousser toute limite au possible, aussi bien au niveau individuel qu'à celui de l'expansion de la puissance* », analyse Valantin, et la puissance passe encore et toujours par le pétrole.

Le CO_2 libéré contribue à l'effet de serre

Il est de notoriété publique que les principaux contributeurs de gaz carbonique (CO_2) sont les véhicules, les avions et le chauffage, ainsi que certaines industries et l'agriculture. Mais pour obtenir une vue d'ensemble, il faut regarder l'équation globale : sources de CO_2 – puits de CO_2 = bilan de CO_2. Or il n'y a pas que les sources qui augmentent, nous assistons également à la réduction des capacités d'absorption des puits naturels. Une récente étude montre qu'en Angleterre et au pays de Galles, les émissions de CO_2 par le sol n'ont cessé d'augmenter depuis 1978. Guy Kirk de l'université de Cranfield a analysé le sol de plus de 6000 sites entre 1978 et 2003. La teneur moyenne en carbone du sol a diminué de 0,6 % par an, le relâchant dans l'atmosphère. Le sol de la Terre contient environ plus de 300 fois plus de carbone que nous n'en émettons chaque année en brûlant des combustibles fossiles. Ce carbone stocké sous terre est lentement libéré sous forme de CO_2 après décomposition des plantes et autres déchets organiques par les bactéries du sol. Ce phénomène s'accélère donc avec la hausse des températures.

Une équipe internationale de climatologues, sous la direction de Philippe Ciais, a mesuré l'évolution de l'activité photosynthétique de la végétation européenne à la suite de la vague de chaleur de 2003. Alors que les modèles climatiques prévoyaient que le réchauffement global augmenterait la pousse des plantes, l'épisode de sécheresse a considérablement réduit la croissance de 30 %, ralentissant la photosynthèse et libérant un stock de gaz carbonique important dans l'atmosphère. Avec moins de végétation, les écosystèmes ont en effet absorbé moins de gaz carbonique qu'ils n'en ont relâché. Normalement, la forêt et les espaces cultivés européens absorbent chaque année environ 125 millions de tonnes de CO_2. Or, en 2003, le bilan s'est soldé par un rejet de 500 millions de tonnes de CO_2, soit la moitié de l'ensemble cumulé des émissions humaines de CO_2 en Europe. Ces résultats font craindre que des forêts, considérées jusqu'ici comme des puits de CO_2 naturel et des régulateurs du climat n'accélèrent en fait le réchauffement. Une analyse publiée par une équipe américaine dans *Nature* en avril 2006 appelle les climatologues à revoir leurs modèles. La réalité sera encore plus cruelle que ce que l'on pensait concernant la capacité de séquestration du CO_2 par les végétaux.

La déforestation contribue à l'effet de serre

Chaque jour plus de 7 millions de kilomètres carré du bassin amazonien reçoivent une énergie solaire comparable à des centaines de bombes atomiques. Imaginez cette région sans sa forêt pour recycler la vapeur d'eau : la température augmenterait de 10 degrés, cuisant les sols et les rendant imperméables, alimentant des ruisseaux d'érosion. Par leur croissance, les forêts d'Amazonie absorbent 8 % de la totalité des émissions mondiales de carbone, or le rythme actuel de destruction engendre des émissions de gaz qui excèdent le taux d'absorption. Chiffre popularisé par Greenpeace, l'équivalent de six terrains de football est détruit toutes les minutes en Amazonie au Brésil. Chaque année une surface de forêt équivalente à la surface de la Californie disparaît. De plus, la fragmentation de la forêt en îlots brise le fonctionnement des écosystèmes et les fragilise. La forêt équatoriale est tellement fragmentée que bientôt celle-ci ne pourra plus être en mesure de se régénérer.

Au rythme de la déforestation actuelle, les forêts tropicales auront quasiment disparu d'ici à 2020, et l'Amazonie de 2050, anciennement « poumon de la planète », aura achevé son cycle de disparition. Mais ces prévisions ne prennent pas en compte l'effet de serre qui risque d'aggraver nettement ces pronostics déjà sombres. La croissance des températures et la perturbation des cycles de pluies vont vulnérabiliser les forêts tropicales et équatoriales, limiter leur capacité de séquestration carbonique et accentuer le réchauffement global.

De surcroît, lors des incendies de forêt, incendies plus fréquents de par le réchauffement et la prolifération des activités humaines, le carbone accumulé par les arbres est brutalement relâché dans l'atmosphère ce qui ajoute de la puissance au moteur du réchauffement. Par ailleurs, le sous-sol forestier contient en moyenne trente fois plus de carbone que la forêt elle-même, du fait de la sédimentation végétale. Dans les zones où la température augmente de façon significative, ce carbone est relâché et la fonction de puits de carbone de la couverture végétale se trouve ainsi inversée en source de carbone.

Le méthane libéré contribue à l'effet de serre

La complexité de la prise en compte du processus global provient, entre autre, de la méconnaissance de certains paramètres difficiles à intégrer aux modèles que les scientifiques mettent au point. L'un de ces paramètres mal défini est le méthane dont la capacité d'effet de serre est vingt fois supérieure au CO_2. Il est produit en quantités inconnues par le réchauffement du pergélisol de la taïga, du permafrost de la toundra, et des océans dans les clathrates, des cristaux qui retiennent le gaz dans les couches froides de l'océan.

Le problème du réchauffement des régions arctiques et subarctiques, en particulier la taïga, pose le problème des conséquences imprévisibles de la fonte du pergélisol. Ce sol gelé, saturé de débris végétaux, rejette du méthane et du CO_2 quand il se réchauffe. Or, depuis quelques années, le pergélisol et le permafrost d'Alaska et de Sibérie ne sont plus congelés de manière permanente. Ce permafrost dégelé des régions arctiques risque d'inverser le processus d'absorption et de devenir à son tour une source de gaz à effet de serre. Quand, et dans quelles proportions se feront le relâchement du CO_2 du permafrost sec et du méthane du permafrost humide, sont actuellement des inconnues majeures. Mais sur ce dernier point, la dispersion d'une seule petite fraction des 350 à 450 gigatonnes du méthane du permafrost aurait des effets importants sur la crise climatique.

En outre, une grande partie du méthane en mesure d'être dégagé peut provenir de l'océan. Lorsque l'on porte du méthane (CH4) à basse température et à haute pression en présence d'eau, il se forme une sorte de glaçon, le méthane est enfermé dans une cage moléculaire faite d'eau, un clathrate. À température ambiante, l'eau fond et le méthane peut s'enflammer. La capacité de concentration de gaz des clathrates est très importante, un volume de cristal pour 170 volumes de méthane, et ces étranges cristaux sont abondants à l'état naturel. Ils représentent selon les estimations entre 3000 et 15000 milliards de tonnes de carbone, autant que la totalité des réserves connues d'hydrocarbures !

Les clathrates se forment à une profondeur comprise entre 300 et 1000 mètres. Les fonds marins présentent un plateau autour des continents, une zone assez plate dont le niveau varie entre 0 et 200 mètres. Puis il y a une marche abrupte qui s'enfonce jusqu'aux profondeurs océaniques, à plusieurs milliers de mètres. C'est sur le rebord de cette marche d'escalier que se forment les clathrates, en fonction de la température et de la pression. Plus l'océan est froid, plus les clathrates sont près de la surface en s'accommodant de pressions plus faibles.

Ce méthane est produit par les bactéries anaérobies très abondantes dans les sédiments organiques tapissant les grands fonds. Si une fraction modeste venait à être brutalement libérée dans l'atmosphère, un réchauffement catastrophique aurait lieu avec certitude.

Par comparaison, les émissions humaines de carbone ne représentent au total qu'un millième du stock des clathrates. De plus, les clathrates sont des composés peu stables : de petites modifications dans les conditions de températures peuvent suffire à libérer le gaz. Une hausse de 1,5 degré centigrade de la température océanique provoquerait le déstockage de la moitié du méthane d'après certains scientifiques comme Davis Archer. Plusieurs épisodes géologiques montrent qu'un tel scénario se serait déjà produit. Le PETM (Pleocene Eocene

Thermal Maximum) datant de 55 millions d'années s'est traduit par une élévation de 7 degrés aux hautes latitudes. À la lecture, cet épisode se traduit par un effondrement de la proportion d'isotope 18 dans l'oxygène. Ce taux est un marqueur évoluant à l'inverse de la température. Parallèlement, une augmentation du carbone 12 notée par les chercheurs montre un rejet de méthane par les clathrates. Dans son ouvrage intitulé *The Clathrate Gun Hypothesis* paru en 2002, James Kennett, membre de l'Académie des sciences américaine, avance l'hypothèse selon laquelle les clathrates seraient les coupables des nombreux réchauffements brutaux qui ont jalonné le dernier million d'années, en faisant grimper en moins de cinquante ans les températures d'une dizaine de degrés avant un retour à la normale mille ans plus tard. Ces épisodes se nomment D/O, pour Dansgaard/Oeschger du nom de leur découvreur dans les années 1980.

Les aérosols et l'effet de serre

Des chercheurs anglais et allemands en aérologie ont démontré que si les émissions d'aérosols restent à leur niveau actuel, il fallait augmenter le réchauffement climatique prévu par le modèle du GIEC (Groupement Intergouvernemental sur l'Évolution du Climat) (IPCC en anglais) de deux degrés à l'horizon 2100. Les aérosols ne sont pas des gaz, ils ne sont donc pas comptabilisés parmi les gaz à effet de serre. Ce sont de très petites particules de quelques micromètres de diamètre en suspension dans l'air. D'origine naturelle (volcans, déserts, etc.) ou liés à la pollution telles que les fumées industrielles, les poussières issues des feux agricoles, les particules contenues dans les gaz d'échappement, plusieurs millions de tonnes d'aérosols sont émis chaque jour dans l'atmosphère. En interceptant le rayonnement solaire et en le renvoyant en partie dans l'espace, ils contribuent à une baisse de la température par « effet parasol ». Le problème soulevé vient du fait que limiter la pollution pour diminuer l'effet de serre entraîne dans bien des cas une limitation de l'émission des aérosols qui, elle, tend à augmenter l'effet de serre.

Réduire les émissions d'aérosols, explique Meinrat Andreae, chercheur à l'institut de chimie de Mayence, impose de lever le pied massivement sur les émissions de gaz à effet de serre. Autrement dit, une demi-mesure qui réduirait un peu la production des gaz à effet de serre en réduisant également la production des aérosols à effet parasol risquerait d'avoir un impact négatif sur le réchauffement. On comprend mieux dès lors que le problème posé à l'humanité par le système climatique à variables multiples et, sensible à la rétroaction n'est pas simple à résoudre.

D'autres exemples de rétroactions

Le réchauffement des mers va se traduire par une évaporation accrue, augmentant d'autant la quantité de vapeur d'eau présente dans l'atmosphère, et la vapeur d'eau est l'agent inducteur d'effet de serre le plus virulent.

Le « surchauffement » va encore s'accélérer avec la fonte progressive des glaces des régions arctiques parce que le manteau blanc de la neige et de la glace est beaucoup moins perméable aux rayons infrarouges du soleil que le bleu sombre de la mer, c'est « l'effet d'albédo ».

Les mers réchauffées absorberont moins bien le gaz carbonique parce qu'elles seront moins riches en plancton. Le plancton joue un rôle considérable dans le cycle du carbone en absorbant le gaz carbonique de l'atmosphère.

À la fin des années 1980, on constata que la couche d'ozone diminuait sur l'ensemble de la planète et des trous apparurent au-dessus de l'Arctique. Cette diminution devint sévère en Europe. On attribua ce phénomène aux chlorofluorocarbures, des molécules chimiques largement utilisées dans l'industrie des fluides réfrigérants, et on lança un programme international pour réduire les émissions de ces produits, dont la baisse fut effectivement mesurée en 1995. En septembre 1998, pourtant, des chercheurs britanniques et australiens annoncèrent que la destruction de l'ozone continuait. Lorsque la couche d'ozone, dans les régions arctiques et antarctiques, aura diminué de 40 % à 50 %, l'accroissement du rayonnement ultraviolet qui en résultera sera suffisant pour stériliser les couches supérieures de l'océan. Conséquence : le plancton en suspension dans l'eau de mer disparaîtra jusqu'à une profondeur d'une dizaine de mètres environ, et avec lui sa capacité d'absorption du CO_2.

Le charbon, la clé de l'enfer

G. W. Bush a prôné, dans son discours sur l'état de l'Union prononcé le 31 janvier 2006, la nécessité pour les États-Unis de réduire leur dépendance envers les importations d'hydrocarbure et d'aller « *au-delà d'une économie basée sur le pétrole* ». Surprenant de la part d'un lobbyiste acharné du secteur pétrolier. À quoi pouvait-il donc penser ? Je crois l'avoir deviné : au charbon.

Les États-Unis sont au charbon ce que l'Arabie Saoudite est au pétrole : les 268 milliards de tonnes de charbon estimés aux

États-Unis représentent deux à trois fois plus d'énergie que l'or noir sous les sables du royaume Saoudien ! Sans risque géopolitique, sans crainte d'attaques terroristes, les mines américaines ont entamé leur progression pour produire cette année 1,16 milliard de tonnes de charbon, soit 3,2 % de plus qu'en 2005 (selon la National Mining Association). À lui seul, le bassin de la Powder River, à cheval sur les états du Wyoming et du Montana, assume plus de la moitié de cette production dans des mines à ciel ouvert. Aujourd'hui plus de la moitié du courant électrique généré aux US provient du charbon. Les ordinateurs à eux seuls consomment 8 % de ce courant, un internaute américain moyen consomme 150 kg de charbon par semaine.

Dans l'avenir, le charbon liquide (CTL : Coal to Liquid) pourra remplacer l'or noir dans maints domaines. Conçue par les savants allemands, cette technologie a permis aux avions et aux chars nazis de guerroyer et a été utilisée par des pays momentanément privés d'accès au pétrole comme l'Afrique du sud. Aujourd'hui, il est possible de liquéfier le charbon avec un coût de production qui reste compatible avec une utilisation de masse : environ 35 dollars le baril de faux pétrole. Cette technologie pourrait être d'ailleurs perfectionnée pour produire un diesel propre. Combustible polluant, (la combustion du charbon dégage du dioxyde de carbone, du soufre, de l'azote et du mercure), il serait nettoyé de ses métaux polluants sous une forme gazéifiée, puis distillé en liquide.

Seulement il faudrait 20 ans pour construire des infrastructures permettant de remplacer la quasi-totalité de l'approvisionnement pétrolier par un équivalent en charbon liquéfié. Quant à la production électrique, on évoque des centrales « propres ». General Electric s'est associée à Bechtel Power et

American Electric Power dans l'Ohio pour construire une centrale de ce type qui capturerait et séquestrerait le CO_2 dans des poches géologiques. Alors, tout va bien ? Que nenni ! En admettant à terme que tous les nouveaux prototypes de centrales soient équipés de ce procédé, ce ne serait au bout du compte que 20 % des émissions de CO_2 qui échapperaient à leur libération dans l'atmosphère. C'est insuffisant et trop lointain.

De surcroît, cela ne fonctionne pas sur les centrales existantes, dont le coût d'adaptation serait prohibitif. Si par malheur les États s'engageaient dans cette filière substitutive, nous aurions la certitude d'engendrer un changement climatique géant susceptible de repeindre notre habitat du sol au plafond. Jean-Marc Jancovici nous alerte sur cette option : « *Si nous brûlons une large part du charbon planétaire au cours du XXI ème siècle, les simulations climatiques actuelles ne permettent pas d'exclure une élévation de température planétaire de 10 degrés en deux siècles* ». Si une amplitude de 5 degrés nous conduit déjà au bord de l'extinction, imaginez la conséquence d'une élévation de 10 degrés ! Il en sera fini de l'homme, bienvenu aux lézards et aux scorpions.

Quelles seront les conséquences du réchauffement ?

La disparition des glaces

En 1994, un gigantesque fragment de 77 3kilomètres sur 35, le plus massif depuis de nombreuses années, s'est détaché de la banquise Larsen, faisant dire au glaciologue argentin

Rodolfo Del Valle « *nous avions annoncé qu'il partirait avant dix ans, et il lui a suffi de deux mois* ». Le processus s'est poursuivi au-delà des pires craintes de Del Valle. En février 1998, un énorme bloc de 410 km^2 a quitté la banquise Larsen-B. Tede Scambos, du National Snow and Ice Data Center de Boulder (Colorado), estime que cette scission pourrait avoir déstabilisé la banquise environnante au point de provoquer son émiettement : des éléments stables depuis des siècles sont désormais devenus instables. En mars 1998, la banquise Larsen a lâché un nouveau tronçon et reculé en deçà de son minimum historique, ce que Scambos commente ainsi : « *c'est peut-être le début de la fin* ». Le British Antarctic Survey a enregistré en cinq ans un recul extraordinaire des banquises antarctiques. Dès janvier 1995, la plate-forme Larsen-A était complètement désintégrée et avait perdu quelque 2500 km^2. Chaque kilomètre carré de glace qui fond fait baisser la salinité des eaux, paramètre qui est crucial pour la circulation des courants océaniques mondiaux, notamment aux extrémités arctique et antarctique de ces courants. La cause du phénomène ne saurait être plus simple. Les pôles se réchauffent, et se réchauffent vite. Depuis 1940, la température annuelle moyenne a augmenté d'environ 3,3 degrés dans l'Antarctique, 4,4 degrés dans l'Arctique. Mais ce n'est encore rien auprès de l'immense quantité d'eau douce qui irait rejoindre l'océan si les banquises les plus épaisses de l'antarctique, comme celles de Ross et de Filchner-Ronne, ainsi que les banquises qui ceinturent entièrement le continent, fondaient à leur tour.

E.J. Rignot, du Jet Propulsion Laboratory de la NASA, affirme que le glacier Pine Island, qui se jette dans la mer d'Admundsen, est en recul depuis 4 ans. Plus précisément, la ligne charnière du glacier a reculé de 1200 mètres entre 1992 et 1996. À ce rythme, le glacier finira par se briser et rejoindra alors rapidement la mer. Le problème est que ce glacier, selon ce chercheur, est essentiel à la stabilité de l'ensemble de la banquise antarctique occidentale.

En novembre 2004, le rapport de l'Arctic Climate Impact Assesment constatait le réchauffement deux fois plus rapide de l'arctique comparé au reste de la planète. Pour la majorité des scientifiques, le Groenland actuellement recouvert à 82 % de calotte glaciaire pourrait bientôt mériter son nom de « terre verte ». C'est principalement à cause de la réflexion de la lumière par la glace et la neige explique Dominique Raynaud du CNRS. « *Si davantage de glace fond chaque année, c'est autant de lumière du soleil en moins qui est réfléchie et autant en plus qui est absorbée par la surface continentale. Le réchauffement peut aller ainsi en s'amplifiant* ». Le territoire danois du Groenland perdrait 80 kilomètres cube de glace chaque année, et si la calotte venait à perdre 20 % de son volume actuel, le processus de fonte ne serait plus réversible estime Philippe Huybrechts glaciologue à l'université libre néerlandophone de Bruxelles. En 1992, l'immense glacier Jakobshavn Isbrae s'écoulait à la vitesse de 5,5 km par an. En 2003 cette vitesse est passée à 12,5 km par an.

Selon les données collectées par les satellites entre 1996 et 2005, le Groenland perd ses glaces trois fois plus vite que ne le prévoient les modélisations. C'est aussi la première fois qu'une diminution de la masse glaciaire totale du pole sud (152 kilomètres cubes de glace par an perdu) est observée, preuve formelle que l'antarctique mincit à cause du « surchauffement ».

Pour les peuples indigènes de l'arctique, le réchauffement est déjà une réalité. Les glaces apparaissent de plus en plus tard et se retirent de plus en plus tôt, ce qui raccourcit considérablement la saison de la chasse. Des chasseurs ont été contraints d'abattre leurs chiens de traîneau faute de pouvoir les nourrir. Pour les scientifiques rien de bon n'est à attendre de la fonte du Groenland. Dans le pire des scénarios, la fonte totale de l'île occasionnerait une montée de 7 mètres du niveau des océans, la glace polaire arctique qui a perdu 40 % de son épaisseur depuis 1950, disparaîtrait totalement. Quant aux glaciers himalayens, ils auront vraisemblablement fondu autour de 2020, et, avec eux, les fleuves irriguant le sous-continent indien.

L'acidification des océans

Selon un article paru le 29 septembre 2005 dans la revue britannique *Nature*, des chercheurs américains, allemands et français sont arrivés à la conclusion que l'acidification croissante des océans allait bouleverser – avec risque de disparition – toute la chaîne alimentaire des eaux froides du globe, du zooplancton à la baleine. Les océans représentent les deux tiers de la surface du globe et jouent un rôle considérable sur le climat. Des programmes internationaux ont été mis sur pied pour mesurer et mieux comprendre ce rôle complexe (World Ocean Circulation Experiment; Joint Global Ocean Flux Study). Ils ont d'ores et déjà révélé un phénomène inquiétant: l'acidification océanique qui est due aux émissions de CO_2 des activités humaines. Non toxique dans l'atmosphère, le CO_2, relâché par les automobiles ou les gazinières pour ne citer qu'elles, se révèle autrement plus dangereux lorsqu'il est dissous dans l'eau salée, engendrant des réactions chimiques, physiques, biologiques et géologiques. Depuis juillet 2004, l'ampleur du phénomène a pu être chiffrée. Le bilan de l'absorption du dioxyde de carbone par les océans, dressé par la National Ocean and Atmosphere Administration, a mis en évidence que 48 % du CO_2 que l'homme a émis depuis le début de l'ère industrielle est à présent dans l'océan, soit 120 milliards de tonnes de carbone. Cette accumulation se poursuit au rythme de 25 millions de tonnes chaque jour, et cette masse colossale qui était il y a seulement deux siècles profondément enfouie dans les entrailles de la Terre sous forme de charbon, de pétrole ou de gaz, est en train de modifier la chimie océanique de façon importante. La molécule de CO_2, à l'instant précis où elle se lie à l'eau, libère un proton (H+), acidifiant l'océan. Les milliards de tonnes de CO_2 que l'homme a déversés dans les océans depuis le début du XIXème siècle ont modifié le PH de ceux-ci de 0,1 unité, ce qui représente une augmentation de l'acidité de 10 %. Par convention, on considère que l'eau pure est neutre et que son PH vaut 7. Plus une solution est acide, plus son PH s'approche de 1. À l'inverse, plus elle est basique, plus il s'approche de 14, l'échelle du PH étant logarithmique. Ainsi la mer du nord, actuellement étudiée par les Britanniques, passerait d'un PH de 8,3 aujourd'hui à 7,8. Du jamais vu au cours des derniers 25 millions d'années : pour trouver des analogies géologiques il faut remonter à la limite entre le Crétacé et le Tertiaire, période durant laquelle un épisode acide a provoqué l'extinction des animaux marins à coquille calcaire. À plus long terme, à l'horizon 2250 selon les modélisations établies en 2003 par le géochimiste américain Ken Caldeira, la baisse atteindrait 0,7 unité PH. Avec quelles conséquences ?

L'acidité de l'eau raréfie certains nutriments utilisés par le plancton. Outre cette difficulté d'approvisionnement alimentaire, les squelettes externes du phytoplancton seraient également menacés par la montée de l'acidité. Or le plancton est la base de tout l'écosystème océanique. L'Institut Océanique Leibnitz de Kiel en Allemagne a mis en culture plusieurs espèces de coccolithophoridés, organismes chlorophylliens qui secrètent de microscopiques coquilles, premiers producteurs de calcite à l'échelle de la planète, qu'ils ont ensuite placés dans les conditions qui prévaudront en 2050, puis 2100. Des problèmes de calcification sont apparus, les squelettes sont devenus anormaux, et certaines espèces se sont mêmes dénudées.

Par ricochet, le zooplancton, qui se nourrit du plancton végétal et joue un rôle écologique considérable puisqu'il est consommé par les petits poissons, eux-mêmes servant de nourriture aux poissons de taille supérieure qui sont utilisés dans l'alimentation humaine, aurait à subir une chute de densité.

Ailleurs, les ptéropodes qui sont à la base de la plupart des chaînes alimentaires de l'océan austral, (jouant un rôle clé dans l'alimentation des baleines, manchots, albatros, etc.) ont une coquille en aragonite, une molécule plus soluble que la calcite, qui sera certainement complètement dissoute dans l'eau de mer de 2050. Idem pour les mollusques : les ions carbonate mariés avec le calcium très abondant dans la mer, donnent de la calcite ($CaCO_3$) un matériau omniprésent qui sert à la fabrication des coquilles des mollusques, des squelettes des échinodermes (oursins, étoiles de mer), du corail. L'acidité fait s'effondrer les concentrations en ions carbonates : pour la prévision du carbone atmosphérique en 2050, la quantité d'ions carbonates sera divisée par deux. Lorsque le PH deviendra égal à 7, la mortalité chez un mollusque bivalve comme le pétoncle sera de 100 %.

Normalement, l'océan possède un pouvoir temporisateur, il

serait capable de rééquilibrer son PH en dissolvant les sédiments calcaires, mais ce processus se joue sur des périodes longues alors que l'homme va cent fois plus vite que les processus naturels en jeu. « *Les conséquences sur la biodiversité seront telles qu'elles suffiraient à justifier une restriction de nos émissions, même si il n'y avait pas de réchauffement. Selon le scénario climatique le plus favorable, l'eau de surface de l'océan austral devrait dissoudre l'aragonite d'ici à 50 ans, ce sera un choc pour les écosystèmes* », affirme Ken Caldeira, du Livermore National Laboratory.

« Meeting the climate change »

Il reste moins d'une décennie pour éviter un dérèglement catastrophique du climat terrestre, affirme une étude parue en janvier 2005. Rédigée par un large panel de scientifiques, d'anciens hommes politiques et d'économistes, le rapport, baptisé *Meeting the Climate Change* fixe à dix ans, « *voire peut-être moins* », le point de non-retour climatique au-delà duquel les rejets de gaz à effet de serre vont entraîner une hausse de température désastreuse. Selon cette étude, la Terre atteindra ce stade lorsque la température moyenne y aura augmenté de 2 degrés par rapport à la période précédent la révolution industrielle du XVIIIème siècle. Or, depuis cette époque, la planète a déjà gagné 0,8 degré en moyenne. « *Le monde ne dispose donc plus que d'un petit degré de marge avant que le point de non-retour soit atteint* », avertissent les auteurs de l'étude. Pour eux, la Terre aura atteint ce point de non-retour lorsque son atmosphère contiendra 400 parties de CO_2 par millions (ppm). Aujourd'hui, elle en contient déjà 379 ppm, un niveau augmentant de 2 ppm chaque année. « *Une bombe écologique à retardement est en route* », avertit Stephen Byers, ancien ministre britannique des Transports et membre du panel d'experts à l'origine du rapport qui recommande urgemment aux pays de cette organisation de produire, d'ici 2025, un quart de leur électricité avec des sources renouvelables et de doubler d'ici 2010 les budgets de recherche consacrés aux énergies non fossiles. « *Ce sont les investissements que nous réalisons à partir de maintenant et durant les 20 prochaines années qui nous permettront de stabiliser le climat. Pas ceux que nous consentirons d'ici la moitié du 21éme siècle ou au-delà* », conclut Tom Burke, ancien conseiller de Tony Blair pour les questions environnementales et membre lui aussi de ce panel. La question déterminante pour l'avenir de nos enfants et de nos petits-enfants est: les écosystèmes naturels du monde survivront-ils aux pressions qui leur sont imposées par la civilisation moderne ? Un récent rapport de l'ONU a signalé que nous avions déjà pénétré dans la zone de danger.

Le rapport du Pentagone

Le bureau d'études de prospective du Pentagone, l'Office of Net Assessment, a publié en octobre 2003 un rapport qui se voulait discret. Sous le titre « *An Abrupt Climate Change and its Implications for United States National Security* », il parvient à la conclusion que l'actuel réchauffement climatique va rapidement mettre en danger les capacités des différentes nations de subvenir à leurs besoins en nourriture, en énergie, en eau potable, ce qui provoquera une montée dramatique des tensions internationales risquant de déboucher sur des affrontements militaires violents. Ce document a été l'objet de fuites sur internet et dans les journaux. « *Demain l'apocalypse, guer-*

re nucléaire pour le contrôle de l'eau, cultures détruites par l'érosion des sols, villes rayées de la carte, explosion des épidémies », tel s'étalait le gros titre de la première page du journal *France Soir* du 24 février 2004 qui faisait état de ce fameux rapport commandité puis censuré par le Pentagone. Les grandes lignes du rapport ont été également dévoilées par le journal *The Observer* de Londres. Il indique une liste effrayante de calamités auxquelles la Terre peut s'attendre dans les prochaines années si les producteurs de pollution poursuivent leur évolution sans rien changer de leur politique. Les deux auteurs, dont l'un est un ancien consultant de la CIA reconverti dans le pétrole chez Shell avant de passer à son compte, n'ont rien de militants écologistes sensibles.

La première partie du document, s'inspire des conclusions du dernier rapport du GIEC et évalue les risques que fait peser le réchauffement sur l'agriculture, les ressources en eau, les risques de sécheresses, de multiplication des ouragans et autres catastrophes naturelles. Les auteurs insistent sur la forte possibilité que ces changements interviennent rapidement, en une poignée d'années et non pas sur deux siècles, ce qui fait courir un risque majeur à la sécurité nationale américaine.

La deuxième partie passe en revue les épisodes d'altération du climat dans le passé de la planète tandis que la troisième partie, en envisageant une élévation de la température significative d'ici 2010, en explore les conséquences sous la forme d'un scénario imaginaire.

Par une rétroaction, le réchauffement s'accélère, les forêts et les couvertures herbeuses dépérissent ce qui accroît encore le rejet de dioxyde de carbone dans l'atmosphère et donne lieu à une multiplication des phénomènes extrêmes. Une tempête en 2007 brise une partie des digues néerlandaises, rendant inhabitables plusieurs grandes villes. La rupture des digues de Californie centrale entraîne l'apparition d'une mer centrale tandis que l'élévation du niveau des océans endommage tout le littoral. Arrive le pire, le courant du Gulf Stream s'interrompt, ce qui refroidit excessivement le climat de l'hémisphère nord entre 2010 et 2020. Des mégas sécheresses ont lieu en Europe du nord et en Chine du sud. Du fait de la baisse spectaculaire de température en Europe du Nord, devenue en grande partie inhabitable, la grande Bretagne écopant d'un climat sibérien, les populations entament une émigration massive vers le sud, l'Europe du sud et l'Afrique du nord. Aux États-Unis, la chute du rendement agricole replie le pays sur lui-même. En Chine, la crise de la riziculture due à la réduction des moussons, entraîne chaos, famines et agressions militaires sur les zones frontalières pour obtenir des ressources, y compris du pétrole. L'Afrique est ravagée par la sécheresse.

Notons que les calculs des climatologues (récents rapports du GIEC et du Hardley Center) indiquent que l'Afrique est déjà entrée dans une spirale d'autodestruction. Elle a perdu dans sa partie australe 60 % des pluies d'hiver et 30 % des pluies d'été. L'impact des bouleversements climatiques sur les ressources naturelles, la végétation et les insectes parasites, les zones de pêche, est massif. Les surplus sont insuffisants pour répondre aux besoins globaux.

Ce déséquilibre généralisé entraîne des conflits dont les enjeux sont les ressources pour la survie. Aucune solution technologique n'apparaît pour résoudre cette situation. Une hausse exacerbée des tensions entre « ceux qui ont » et « ceux qui n'ont pas » entraîné l'apparition d'une gigantesque guerre, à la fois civile et militaire, à l'échelle du globe. Pour les auteurs, la conclusion est que les États-Unis vont s'isoler et construire des remparts pour se protéger de l'afflux des réfugiés climatiques. Dans ce contexte, la prolifération des armements nucléaires est inévitable. De plus, le rapport insiste sur la dimension énergétique comme fondamentale pour assurer la sécurité nationale. Les auteurs concluent en proposant l'idée de se préparer à des « no regret strategies », dont la fonction serait d'assurer la pérennité de la sécurité nationale par tous les moyens, quel qu'en soit le prix à payer. C'est-à-dire être prêt à piller les ressources des pays voisins, en utilisant l'extermination nucléaire s'il le faut, comme être prêt à basculer dans un fonctionnement d'état policier impitoyable pour assurer la sécurité intérieure.

À propos du Gulf Stream et des conséquences de sa disparition, le rapport aboutit à une conclusion paradoxale qui mérite d'être approfondie. En effet, comment concilier le réchauffement de la planète, sujet devenant plus médiatique au fil des jours, avec un refroidissement catastrophique de l'Europe de l'ouest dont personne ou presque ne parle ? Tout d'abord, si le sujet n'est évoqué que du bout des lèvres, c'est certainement afin d'éviter une panique collective, telle est l'interprétation immédiate. Ensuite, voyons l'explication du refroidissement localisé sur l'Europe comme conséquence du réchauffement global :

Jules Vernes, dans *20 000 lieues sous les mers*, décrit le Gulf Stream comme « *un vaste calorifère qui permet aux côtes d'Europe de se parer d'une éternelle verdure* ». Par exemple, située à la même latitude que New-York, Madrid bénéficie d'un climat incomparablement plus chaud et tempéré. La source du courant est située dans le golfe du Mexique, quelque part entre le Mississipi et l'Amazone. Il transporte les eaux chaudes du sud vers le nord et se confronte à un courant venu du

Labrador. Il passe par le pôle nord et repart vers l'équateur où il accumule la chaleur qu'il rediffuse ensuite dans l'hémisphère nord. Le secret de son moteur réside dans la salinité de l'eau. Un afflux important d'eau non salée en provenance du pôle nord provoquerait un déséquilibre dans les vaisseaux sanguins océaniques avec le risque que le courant n'atteigne plus les côtes de l'Europe, voire sa disparition. Or c'est un fait établi, le taux d'eau douce est en augmentation considérable à cause de la fonte des glaces déversée dans le parcours du Gulf Stream. En 1997, Stefan Ramstorf, du Postdam Institute for Climate Impact Research, a signalé un affaiblissement du Gulf Stream imputable au volume croissant d'eau douce que reçoit l'atlantique nord. Observant qu'il existe un seuil dans la circulation de l'atlantique nord au-delà duquel cette circulation peut brutalement basculer, Ramsdorf précisait que ceci pourrait se produire au cours du XXIIème siècle mais que ce pourrait être bien plus tôt (*New Scientist* du 14 novembre 1998).

À la fin de l'année 2003, l'institut océanographique Woods-Hole a publié une étude montrant que la salinité des océans polaires était en baisse et que celle des eaux tropicales était en augmentation. Parallèlement on enregistrait des changements significatifs dans les courants océaniques essentiels à la stabilité du climat mondial, et des intempéries d'une violence inhabituelle survenaient un peu partout dans le monde. Un ralentissement de 20 %, une amplitude remarquable, a été relevé dans la branche nord atlantique du Gulf Stream par les chercheurs de Woods-Hole, qui voient là le changement océanique le plus important jamais mesuré par les instruments modernes. En septembre 2000, John Lowe, professeur à l'université de Londres, a estimé que le réchauffement mondial risquait de provoquer un mini-âge glaciaire en Grande Bretagne d'ici quelques décennies ; les preuves, dit-il, sont accablantes. Quand le Gulf Stream basculera, le climat que nous connaissons basculera aussi (Note 2). Des perturbations du temps s'ensuivront, puis un nouveau climat s'installera. Il n'y aura pas un endroit où la vie humaine se maintiendra aussi agréable qu'aujourd'hui. Il est question d'une perte de 15 degrés en moyenne sur l'Europe. Les pays scandinaves et la Grande Bretagne risquent de devenir des terres gelées inhabitables. Le régime mondial des pluies chutera spectaculairement transformant la forêt Amazonienne en prairie, stoppant la mousson sur le sous-continent indien. Le bouleversement sera apocalyptique.

Le risque d'interruption du Gulf Stream est considérablement élevé. Le débat fait rage entre les experts pour chiffrer ce risque, et 45 % de probabilités d'arrêt durant le siècle est une vision médiane plus optimiste que d'autres. C'est un chiffre bien trop élevé pour être passé sous silence, et pourtant la politique de l'autruche demeure l'unique voie empruntée jusqu'à présent par les gouvernants (voir *Sauvons le Gulf Stream* en Annexe VI).

Cette dichotomie surprenante entre la politique pétrolière de l'équipe Bush et ce rapport très inquiétant émanant du Pentagone et qui désigne l'activité humaine comme responsable des bouleversements climatiques à venir, Éric Laurent l'explique par une rivalité entre deux courants d'opinion. D'après son enquête, ce rapport était destiné dès le départ à « fuiter ». Il serait le résultat d'une tentative isolée d'Andrew Marshall, un homme de 83 ans à la tête de l'Office of Net Assessment, véritable mentor de l'équipe de Rumsfeld, père du concept de RMA (Revolution in Military Affairs), intellectuel visionnaire, admiré et redouté. Marshall considère aujourd'hui que les plus grands dangers pour les États-Unis sont l'émergence de la Chine et les bouleversements climatiques à venir. « *Pour Marshall, l'aveuglement présidentiel découle avant tout de sa dépendance envers le lobby pétrolier. Pendant que les climatologues et les experts de l'environnement considèrent le réchauffement du climat comme une catastrophe, les pétroliers se réjouissent de la fonte des glaces qui facilitera les recherches et les exploitations off-shore,* écrit Laurent. *Vous avez un président qui dit que le réchauffement climatique est un canular, et sur l'autre rive du Potomac, vous avez un Pentagone qui se prépare à des guerres climatiques. Il est assez effrayant de voir Bush se mettre à ignorer son propre Secrétariat à la Défense sur la question* », résume un responsable de GreenPeace.

Les modèles climatiques

La prévision et la prospective en matière climatique reposent essentiellement sur l'utilisation de modèles. Peut-on faire confiance aux modèles climatiques et que nous apprennent-ils ?

Tout d'abord, il n'existe pas de modèle unique, mais une quinzaine de modèles dans le monde, et tous les pays ayant une activité scientifique significative y participent.

Comme le signale Jean-Marc Jancovici, « *si une équipe de modélisation parvenait, à la suite de travaux sérieux (c'est-à-dire dans lesquels les autres scientifiques ne constatent pas d'erreurs de méthode et qui fasse l'objet d'une publication dans une revue scientifique de premier rang), à la conclusion que la Terre ne va pas se réchauffer suite aux émissions humaines de gaz à effet de serre, elle deviendrait mondialement célèbre dans la minute (et serait probablement un bon candidat au Prix Nobel). On peut donc être certain que bien des scientifiques ont cherché dans cette direction ! L'indice de confiance est donc excellent en ce qui concerne la prévision d'un réchauffement global comme conséquence des émissions dues à l'homme.* »

Une façon de tester la fiabilité des modèles est de comparer ce qu'ils disent avec les données observées depuis 1860, date à laquelle des mesures précises de la température ont commencé à être disponibles. Les modèles utilisés à l'heure actuelle donnent bien entendu satisfaction quant à la similarité des évolutions climatiques globales qu'ils prédisent et la réalité des observations pendant cette période, à un bémol près, bémol intéressant puisqu'il confirme l'impact des activités humaines sur les variations climatiques naturelles.

D'autres éléments de confirmation de la validité des modèles sont par exemple :
– la mise en évidence de l'augmentation plus rapide des températures la nuit que le jour ;
– la mise en évidence de l'augmentation plus rapide des températures l'hiver que l'été ;
– la mise en évidence des systèmes climatiques sur Mars et Vénus ;
– la mise en évidence des composantes climatiques terrestres telles que les zones climatiques, le rythme des saisons, les alizés, le Gulf Stream, les oscillations pluriannuelles comme El Nino, etc.

Le milieu scientifique est donc désormais très assuré dans les résultats prédictifs globaux des modèles, et en particulier dans le fait que la température moyenne au niveau du sol va augmenter en réponse à nos émissions de gaz à effet de serre.

Par contre les prévisions locales (est-ce que ce réchauffement sera plus fort en Suisse ou en Hollande, par exemple) resteront très difficiles à établir car le système est très instable par nature. Et s'il sera toujours impossible de prévoir quelle sera la température exacte à Tokyo le 7 juillet 2046 cela ne rentre pas en contradiction avec la capacité des modèles de prévoir avec quarante ans d'avance la nature du climat général. Une intense activité de recherche se poursuit pour améliorer ces modèles, afin qu'ils soient capables de reproduire de plus en plus précisément les phénomènes observés.

Kyoto et le refus américain

Après le sommet de Rio en 1992, l'appel d'Heidelberg a dénoncé l'émergence d'une idéologie irrationnelle, celle des écologistes, qui s'opposait au progrès scientifique et nuisait au développement économique. Le texte rassurant fut signé par plus de 250 scientifiques de renommée mondiale dont 52 prix Nobel. Il n'était pas difficile de repérer derrière cette manœuvre l'influence des lobbies industriels et le poids de la recherche appliquée, néanmoins l'affaire fit grand bruit et écarta une grande partie de l'opinion publique et des gouvernements de la question cruciale qui s'imposait. Heureusement, il y eut depuis revirement des savants.

En 1988, James Hansen, du Goddard Institute of Space Studies, organisme appartenant à la NASA, annonça qu'un réchauffement mondial était en cours, dont la raison première était que chaque être humain envoyait environ une tonne de dioxyde de carbone par an dans l'atmosphère. La réaction des compagnies pétrolières et chimiques, de certains pays producteurs de pétrole, des fondamentalistes religieux et des extrémistes politiques américains fut immédiate. Leur message, qu'ils répandent depuis lors sans relâche, fut le suivant : « *rien n'est prouvé, attendons de voir* ». En 1998, le Congrès américain alla jusqu'à tenter d'empêcher des membres du gouvernement de s'exprimer publiquement sur le réchauffement mondial, afin de saborder la participation américaine à la conférence de Kyoto, initiative mondiale lancée sur le sujet. L'industrie pétrolière a monté une véritable machine de propagande appelée Global Climate Coalition qui dépense des fortunes pour répandre le message « *attendons de voir* ». La National Coal Association fait de même. L'institut américain du pétrole rémunère une entreprise de lobbying pour tenter de faire baisser les taxes sur les combustibles fossiles. À lui seul, cet institut dépense presque autant que l'ensemble des principaux organismes écologiques. L'OPEP s'est jointe aux grandes compagnies pétrolières comme Arco, Exxon, Sun, Shell et Unocal pour répandre l'idée que les émissions dues aux combustibles fossiles ne devraient pas être contrôlées.

Alors que les accords de Kyoto prévoyaient seulement de ramener les émissions de gaz à effet de serre à leur niveau de 1990, ce qui représentait un minuscule 5 % de la question globale, le président Bush et ses collaborateurs ont saboté les efforts internationaux pour atténuer les menaces d'une gravité reconnue pesant sur l'environnement, sous des prétextes qui dissimulaient mal leur allégeance à un secteur précis des intérêts privés. Pour le rédacteur en chef de la revue *Science*, Donald Kennedy, le programme scientifique de l'administration sur le changement de climat (Climate Change Science Program CCSP) est un simulacre qui ne comprend aucune recommandation visant à limiter ou à réduire les émissions : il se contente de fixer des objectifs de réduction volontaire qui, même s'ils étaient atteints, n'empêcheraient pas les taux d'émission américains de continuer à augmenter d'environ 14 % tous les dix ans. « *Depuis le début de son mandat, l'administration républicaine de George W. Bush a adopté des attitudes d'une gravité exceptionnelle dont elle restera comptable devant l'Histoire* », déclare Nicolas Hulot. Pour le gouvernement ultraconservateur de Bush, le mode de vie américain n'est pas négociable. Dans la bouche du président cela signifie que les Américains ne changeront pas leurs habitudes de consommation, les industries américaines ne seront pas handicapées par des obligations coûteuses, autrement dit, qu'aucune forme de protocole ne rentrera en vigueur aux États-Unis. Pendant 4 ans, le retrait américain a rendu le protocole inapplicable, celui-ci ne pouvant entrer en vigueur que si au moins 55 % des capacités mondiales industrielles de rejets de GES (Gaz à Effets de Serre) étaient atteintes par la communauté des signataires. Jusqu'au moment où le président Vladimir Poutine s'est engagé au nom de l'État Russe, le 16 février 2005, apportant la part nécessaire au traité pour que celui-ci entre en application. Malheureusement, Kyoto ne concerne que les poids lourds de l'industrie, qui représentent au final moins d'un tiers des émissions de CO_2 en Europe par exemple. Les transports, l'agriculture, les particuliers, les petites entreprises constituent la majorité des pollueurs et sont épargnés par le protocole. Quant au marché boursier du CO_2, la France a bénéficié d'une surallocation puisque la tonne de CO_2 se négociait à 12 euros fin mai 2006 contre 30 euros un mois plus tôt, signifiant la surévaluation des plafonds et donc l'inanité de la mesure.

La communauté scientifique commence à faire des annonces fracassantes

« *Des modifications considérables... Des conséquences colossales* », sont les termes employés par l'Observatoire national français sur les effets du réchauffement climatique (Onerc) dans le rapport qu'il vient de publier en 2005. « *Aucun scénario ne prévoit un adoucissement des conditions météorologiques ou climatiques pour la France* », précise l'Onerc qui explore prioritairement les risques d'aggravations des canicules, de la sécheresse et des inondations sur l'hexagone.

Le 15 janvier 2005, le docteur Rajendra Pachauri, président du GIEC au niveau international, le groupe intergouvernemental d'études du climat de l'ONU, déclarait devant un parterre de responsables scientifiques et politiques représentant 114 gouvernements que « *le monde a déjà atteint le niveau de concentrations dangereuses de dioxyde de carbone dans l'atmosphère qui impliquent de larges coupes dans les émissions humaines de pollution... si l'humanité veut survivre. Le changement climatique est en cours, et nous n'avons qu'une petite fenêtre d'opportunité pour agir, et elle se ferme rapidement. Il n'y a pas un instant à perdre !* ». Le parcours du docteur Pachauri n'est pourtant pas celui d'un extrémiste. Tout au contraire il a été mis à la tête de l'organisation onusienne à la suite de l'éviction de son prédécesseur, Robert Watson, jugé trop virulent par le pétrolier Exxon Mobil et le président G.W. Bush. Or Pachauri, connu pour son attentisme et sa prudence, est en train de réclamer des mesures d'urgences, celles-là mêmes préconisées par son prédécesseur : il a finalement reconnu la gravité de la situation.

Le rapport de l'International Climate Change Taskforce,

commandé en 2002 par Tony Blair, est le résultat de la coopération entre le Meteorolgical Office, le Hardley Center et Oxford. Des simulations fines, partagées entre 95 000 ordinateurs, dont les propriétaires de plus de 150 pays acceptent de participer au programme, ont été réalisées grâce à l'immense capacité de calcul. Parmi les résultats publiés en janvier 2005, il est à noter que les deux cents chercheurs mobilisés parlent d'un « *désastre à venir* » si les gouvernements ne prennent pas des mesures rapides.

La nature de la menace que pose la crise climatique est de l'ordre de la rétroaction, inhérente au fonctionnement de tout système complexe. La possibilité d'une rétroaction climatique massive, qui fut jusqu'en 2001 de l'ordre de l'inimaginable scientifique, commence à être envisagée par les plus hautes autorités scientifiques. Le président de la Royal Scientific Society anglaise Sir Martin Rees, et le premier conseiller scientifique du premier ministre Tony Blair, Sir David King, envisagent depuis 2003 un risque réel de rétroaction climatique susceptible de causer des dommages environnementaux considérables. Les résultats publiés en 2005 de la grande étude lancée en Angleterre par l'université d'Oxford, et le Hardley Center, montrent que le point critique, au-delà duquel il ne sera plus possible d'encadrer ou de pondérer le processus de réchauffement, ne se situe pas autour de 2020, mais nous est contemporain. Ce début du XXIème siècle EST le moment critique où tout doit se faire. « *La crise climatique entre en synergie avec le système des vulnérabilités de l'ensemble des sociétés humaines* » souligne Jean-Michel Valantin.

Mais les États nationaux ont de grandes difficultés à appréhender cette problématique, comme en témoigne ce champ de foire international qu'est devenu le protocole de Kyoto. La part d'émission de GES des pays industrialisés, à l'exception des ex-pays du bloc soviétique à l'économie sinistrée, n'a fait que croître. Même la Finlande, qui revendique une vocation écologiste, et qui s'était engagée à ne pas augmenter ses émissions, a vu celles-ci croître de plus de 20 %. « *Ainsi la nature même des engagements est assez confuse, et elle est majoritairement mal respectée par ceux-là mêmes qui s'engagent. Ce comportement mine la crédibilité du Protocole, et tout ce qui en découle* » critique Jean-Michel Valantin.

Par ailleurs, dans les pays en voie de développement, l'accès aux infrastructures modernes, à la voiture et aux commodités de l'ère industrielle constitue une tendance dont la légitimité est supérieure à celle de la lutte contre le réchauffement qui entre en conflit avec les intérêts nationaux. « *Le réchauffement mondial est une crise à la fois du présent, mais aussi du futur. Il pose la question de la solidarité entre les générations qui peuplent la Terre aujourd'hui et demain. (...) C'est non seulement le passé mais aussi le futur qui rétroagit sur le présent, en forçant les hommes à une réflexion éthique sur la responsabilité qui lie les générations* », dit Valantin.

Le syndrome de l'autruche

Le constat du décalage colossal entre le discours pessimiste des spécialistes et celui des médias, des élus et de la population en général est réellement TERRIFIANT. Les instances internationales OMC, FMI, Banque Mondiale, OCDE, ONU, pas plus que nos gouvernements, n'ont intégré la diminution de la consommation d'énergie fossile ni pris la mesure exacte du risque climatique : après nous, le déluge (ou plutôt le DESERT) ! L'économie continue de croire à l'infinité du monde.

Le dernier exemple date de juin 2006, l'Onerc (Observatoire national des effets du réchauffement climatique) vient de mettre en ligne un ensemble de données issues en partie des travaux du GIEC, sur les températures, l'humidité et la pluviométrie en France pour ce siècle (www/onerc/gouv.fr). Jusqu'ici, on ne pourrait que s'en féliciter. Le malheur vient de la présentation qu'en montre par exemple Le Figaro avec une superbe carte de l'hexagone en 2 100 affectée de courbes de hausses de températures de 2 à 2,5 degrés dans le nord, allant jusqu'à 3 degrés dans le sud. Alléchant, on se dit qu'il suffit d'acheter un terrain dans la Creuse pour que nos petits enfants y entendent bientôt les cigales.

Le trompe-l'œil utilise deux effets : d'une part, il s'agit de l'imagerie du scénario B2 le plus optimiste, qui suppose le volontarisme le plus sévère pour lutter contre les émissions de CO_2. Il serait étonnant que la réalité ne se situe pas ailleurs, entre scénarii optimistes et scénarii noirs, ce qui donnerait une tout autre allure à la jolie carte. D'autre part, il n'est indiqué nulle part ce que représente « réellement » un surchauffement de 2,5 degrés qui paraît ainsi, dénué de contexte informatif, insidieusement gentillet. Enfin, la date de 2 100 donne à penser qu'en 2101, la température redescend ou se stabilise, alors qu'elle continuera d'augmenter. À classer dans la désinformation médiatique courante et navrante.

Le credo répandu parmi la population aussi bien que parmi les élus est de considérer que les scientifiques nous sauveront des aléas climatiques et que de nouvelles technologies remplaceront les vieilleries polluantes, nous permettant de continuer notre expansion sans limite (c'est le mythe américain de la frontière. Élaboré au XVIIème siècle, ce mythe est celui de l'espace où les colons s'installent et dont ils repoussent sans cesse les limites).

POURQUOI le système n'arrive-t-il pas à prendre en compte les nouvelles données ? Par mesure protectionniste consciente et non consciente : les intégrer signifierait sa ruine or le système tend fondamentalement à se perpétuer.

De fait, le réseau social est plutôt réactif qu'anticipatif. Tant que ça va, vogue la galère. L'homme réagit seulement lorsque sa maison brûle, et le système politique n'est pas le dernier à subir cette loi du genre : il agit en vue des prochaines élections pour contenter un maximum d'électeurs, en réagissant aux sondages et aux sautes d'humeur populaires. Prendre une mesure impopulaire pour des bénéfices attendus dans trente ans lui est impossible, cela relève du suicide politique.

Idem pour l'électeur qui a été conditionné à vouloir toujours plus, à revendiquer « le beurre, l'argent du beurre et la fille de la crémière ». Comment lui en vouloir ? C'est un penchant naturel : il veut consommer toujours « plus », pour « moins cher », mais sans délocalisation d'emplois en Chine ; il désire sauvegarder l'environnement, mais pas question de rouler moins ou de résilier son voyage aux Seychelles. Il reconnaît que le transport pollue mais souhaite la croissance chez Renault et Airbus. Et son élu fonctionne sur un mode identique, en gérant l'offre, la demande et la contradiction, à la recherche d'un compromis idéologiquement correct. Qu'attend-il pour amorcer le débat tout en évitant les effets de panique ? Qu'attend-il pour taxer les 4X4, interdire les chaudières à fioul, introduire des bonus de bonne conduite, développer le ferroutage, relocaliser la production, lancer de vastes programmes de recherche pour préparer l'avenir ? Il attend d'être informé, au premier chef, car l'élu moyen n'en sait pas plus que l'homme de la rue sur le sujet. Questionnez les 50 ministres, les 600 députés et les 300 sénateurs sur la quantité de pétrole consommée, la quantité de pétrole restante, le taux de CO_2 dans l'atmosphère ainsi que le nombre d'années qu'il y restera et ce que le réchauffement ne manquera pas d'infliger et vous ne serez pas déçus du voyage.

Les élus sont des représentants plutôt que des experts, ils sont pour la plupart dans l'ignorance des analyses des scientifiques du GIEC. Et tandis que les intérêts économiques à court terme guident les stratégies des entreprises qui entretiennent la machinerie - ici, faire l'autruche se conçoit aisément - les médias concourent également à la myopie générale et portent une part non négligeable de responsabilité. Les propriétaires des médias, d'une part, sont souvent inféodés à l'industrie, et voient d'un très mauvais œil ce qui pourrait nuire au business et à l'esprit de « croissance ». D'autre part, la publicité représente un budget important, quelques fois majoritaire par rapport aux recettes des ventes. Dans ces conditions, vanter les mérites de la décroissance, de la dé-consommation, de la non-pollution, de la responsabilité des consommateurs-citoyens, fait fuir les annonceurs. Quid du spot de Renault si la chaîne dénonce l'utilisation de l'automobile dans les futurs méfaits du climat ? Le journaliste est là pour inciter à consommer, surtout pas pour scier la branche sur laquelle il est assis. Simple jeu d'intérêts.

D'après Jancovici, le mode de fonctionnement surreprésente les défenseurs d'intérêts ciblés, payés pour être disponibles pour la presse, au détriment des experts objectifs et neutres. Par ailleurs, la télévision comme la presse opèrent un cloisonnement des sujets traités, où l'on verra se côtoyer l'heureuse reprise dans le secteur de l'automobile, pourvoyeuse d'emplois, et plus tard un sujet sur le protocole de Kyoto qui appelle de ses vœux une réduction des gaz à effets de serre. Aucun lien n'est fait. On se réjouit d'une chose pour ensuite se lamenter de ses conséquences. Qui ira oser s'attaquer à l'agriculture nourricière, alors qu'elle est responsable de 25 % des gaz à effets de serre à elle seule ! « *On s'afflige des effets mais on s'accommode des causes* » remarque Bossuet en résumant parfaitement le dysfonctionnement dont s'accommode l'ensemble des acteurs de la société.

Les véritables conséquences du réchauffement

Le climat est un système très inerte, les effets des gaz à effet de serre ne se manifestent pas immédiatement mais avec un délai assez terrifiant. Les actuels changements sont les conséquences de la pollution émise il y a trente ans. Depuis, les quantités annuelles de rejets n'ont cessé d'augmenter. Ces changements se manifestent aussi bien sous la forme graduelle, comme le réchauffement lent et progressif des océans, que sous des formes violentes et brusques comme les ouragans, tempêtes, inondations, sécheresses de grande ampleur.

Plus les émissions de GES augmentent, plus les perturbations sont complexes car non linéaires. Ainsi, les mesures du protocole de Kyoto, si elles sont suivies, n'auront d'impact qu'aux environs de 2040, et si elles en ont, car rien ne nous assure que le phénomène de rétroaction conserve son comportement actuel.

Le réchauffement climatique est un processus cumulatif ininterrompu et le dérèglement qu'il constitue s'impose et s'imposera de façon continue. Cette évolution va se prolonger sur plusieurs siècles, le quotidien de l'humanité va donc subir cette pression durant le siècle qui commence et au-delà. Avec ce réchauffement, la mise en danger de la biodiversité menace toutes les espèces vivantes, dont l'espèce humaine, en raison de l'interdépendance globale qui existe à l'intérieur du vivant. La biodiversité, en englobant les virus, les bactéries, les insectes, les végétaux, les animaux inférieurs et supérieurs, est une grande chaîne dont l'équilibre complexe peut être rompu si quelques maillons essentiels sont affaiblis. Que ce soit le filtrage des sols ou l'oxygénation de la planète, d'innombrables cycles de la chaîne de la biodiversité sont vitaux pour la survie générale du domaine du vivant. Pour tous ceux qui étudient les processus d'extinction, la diversité biologique est en train de passer par une sixième grande crise, entièrement provoquée, cette fois, par l'homme. Selon Hector Galbraith, président de l'université du Colorado et d'une organisation environnementale, un tiers des espèces vivantes est en danger d'extinction, à l'horizon 2050, ce qui aurait un impact direct sur la reproduction des sols, la pollinisation et la purification de l'eau et de l'air.

Il existe un point au-delà duquel le système ne peut plus fonctionner normalement. De simples ajustements ne permettront pas de défaire les dommages causés par notre mythe central de l'infinité des ressources et de la croissance permanente, ainsi que de la confiance en la technologie pour résoudre tous les problèmes. Une hausse de la température de 3 à 4 degrés seulement pourrait déclencher une élévation du niveau des mers de vingt mètres en dix ans. Environ 30 % des terres seraient perdues et l'humanité serait chassée des vallées inondées sur tous les continents. L'emballement qui se profile laisse présager un changement colossal dont les perspectives sont sombres. « *Les effets s'amplifieront en cascade, avec des conséquences en partie inconnues mais suffisamment dramatiques pour poser dès maintenant la question de la survie de l'espèce humaine*, avertit Nicolas Hulot. *Des mécanismes régulateurs se mettront en place, sans l'homme et probablement contre lui. L'heure n'est ni aux questions, ni aux bilans. Elle est au changement de cap immédiat* », assène Hulot entre colère, fatalisme et sursaut citoyen. Les clignotants rouges de l'alerte écologique sont allumés si forts que le destin de l'espèce humaine est peut-être déjà scellé.

Le Jardin

Loin des chiffres planétaires, voici une touche personnelle : cela se passe dans un village à une vingtaine de kilomètres de Paris, encore verdoyant jusqu'aux prochains méfaits du PLU (le Plan Local d'Urbanisation qui va libérer les contraintes sur les permis de construire, une aberration totale). Le 18 juin 2006, ma grand-mère catastrophée me tire par la manche pour me montrer ses roses, brûlées par le soleil, les bords des pétales encore en place sont desséchés. Elle qui aime tant les roses et leur apporte un soin jaloux observe avec effarement les dégâts causés par… quoi, on ne sait pas au juste, est-ce un trou dans la couche d'ozone, une pluie acide ou une pollution aux pesticides ? Depuis 45 ans qu'elle habite ici, elle n'a jamais constaté pareille dévastation, pas même lors des deux grandes sécheresses de 1976 et 2003. À 93 ans, cette dame agile sait de quoi elle parle : ayant une expérience de la ferme et de la campagne, elle connaît les « choses » de la terre et a la main « verte ». Nous faisons un tour du jardin, il ne rapporte plus comme avant, affirme-t-elle. Les haricots, les tomates, rien ne pousse, les carottes ont été abandonnées pour cause de sécheresse. Les fraisiers sont brûlés, le groseillier s'est déplumé, les arbres fruitiers sont malades, du « jamais vu ».

Ayant habité ce lieu, je remarque autre chose: la faune s'est amoindrie dans des proportions importantes. 35 ans en arrière, j'avais l'habitude ici même de jouer à l'entomologiste en herbe, dans des safaris imaginaires. Fini aujourd'hui les papillons d'antan, toutes les sortes de scarabées, les hannetons, les bourdons et les abeilles. Même les araignées que l'on s'amusait à pulvériser sur les murs avec des carabines à flèches sont aux abonnées absentes. Le changement climatique et la pollution sont deux réalités qui deviennent « perceptibles », c'est peut-être la conclusion que l'on peut en tirer.

Quelles sont les solutions ?

Stabiliser la perturbation climatique à venir à un niveau raisonnable impose de diviser immédiatement par deux le dégagement de CO_2 au niveau mondial et donc la combustion des énergies fossiles. Ne pas s'y résoudre met nos enfants en danger de mort. Rien de moins. Cela revient, en France, à réduire de 75 % nos émissions de CO_2 (pour permettre à d'autres pays moins riches de ne pas diminuer le peu dont ils disposent) et ne pas avoir recours au charbon lorsque le pétrole viendra à manquer. Dur, dur.

50 % de la pollution climatique vient des ménages, les industriels ne sont pas seuls en cause. N'attendez pas que la solution vienne des « autres », vous, comme moi, êtes responsables de ce qui se passe et avez un devoir – une liberté ! – de lutter pour abaisser le coût de la facture que paieront nos enfants. Mais, pour cela, nous devons nous organiser individuellement et col-

lectivement pour réclamer un débat de société. Car plus tôt des mesures seront adoptées, moins violentes seront les prochaines convulsions sociales.

Comment persuader 60 millions de français de se serrer la ceinture en acceptant des taxes sur les produits pétroliers, ce qui serait une solution parmi d'autres par exemple (note 3) ? En les laissant faire ce choix seuls. En ouvrant le débat sur la place publique, pendant plusieurs années si nécessaire, en obtenant l'assentiment de la majorité sur un projet par voie référendaire. Toute autre politique serait vaine. C'est pourquoi nos hommes politiques ont le devoir impératif d'organiser rapidement ce débat national et de mettre en relation la communauté scientifique avec les mass media et le public.

Mais les émissions de GES elles-mêmes ne sont qu'un des aspects d'un AUTRE PROBLÈME, tout aussi considérable. Il y a un lien direct entre le volume de nos émissions et l'accroissement de la population mondiale. Plus il y a d'hommes sur la Terre, plus les besoins en énergie augmentent, plus les ressources naturelles sont mises à contribution, plus il y a déforestation, destruction de l'environnement et pollutions en tous genres. La surpopulation est en grande partie responsable du processus d'interactions positives qui alimente l'effet de serre. Nous devons donc tout faire pour diminuer la natalité, PARTOUT.

Dire que les pays développés ne sont pas atteints par la surpopulation est inconscient. Rien qu'en France, nous avons déjà de sérieux problèmes d'approvisionnement en eau potable, nos sols sont contaminés par les polluants agricoles et nos plus beaux sites naturels sont gravement menacés. Il y a une cinquantaine d'années seulement, notre côte méditerranéenne était une véritable splendeur ; elle croule maintenant sous le béton, ses paysages ont été défigurés, la faune de sa bande côtière a disparu, les ports du littoral, même les plus petits, ont été transformés en cloaques à mazout... Pas mal pour un pays où il n'y a qu'une centaine d'habitants au kilomètre carré ! Et nous voudrions augmenter cette densité ? La plus grande richesse qu'un pays puisse offrir à ses citoyens est L'ESPACE. Compte tenu de notre niveau de technologie, nous pourrions être infiniment plus heureux dans notre pays avec beaucoup moins d'habitants. Nous en avons les moyens. Au lieu de cela, nous nous lamentons sur le déséquilibre de notre pyramide démographique ! Nous devrions réorienter nos priorités économiques, dans le sens d'une DÉCÉLÉRATION DE LA POPULATION. Ce n'est pas une question de qualité de vie, mais une question de survie.

Notes :

1. « *le changement climatique offre un rare exemple où la communauté scientifique concernée, sentant bien qu'elle a affaire à un enjeu de société majeur, a fait l'effort de mettre ses idées en ordre pour dire le plus clairement possible ce sur quoi elle est déjà d'accord, et ce sur quoi les débats ne sont pas encore terminés. Cet exercice est fait dans le cadre du GIEC, une sous agence conjointe des Nations Unies et de l'Organisation météorologique mondiale, qui produit tous les cinq ans un document faisant le point des avancées scientifiques en la matière* » écrit Jancovici.

2. Richard Seager, directeur de recherche à l'université de Columbia, a publié en octobre 2006 un article dans la revue *American Scientist* mettant en cause l'idée selon laquelle la douceur européenne résulterait du Gulf Stream. Il y explique que la clémence des températures provient essentiellement du relief terrestre et des vents plutôt que des courants océaniques et ne pense pas que l'arrêt du Gulf Stream engendrerait une catastrophe climatique. Néanmoins son avis n'est pas partagé par tous. Marie-Noëlle Houssais et Juliette Mignot de l'université Pierre et Marie Curie de Paris lui reprochent de jouer sur les mots en qualifiant par exemple de « peu spectaculaire » la diminution de dix degrés qu'on observerait en Norvège alors que ce refroidissement correspondrait (quand même !) à la température du dernier maximum glaciaire datant de 18 000 ans. Elles pointent également du doigt l'oubli de certains paramètres dans l'étude menée par Seager, notamment la circulation océanique tridimensionnelle ainsi que de la propriété fondamentalement non-linéaire du système climatique.

3. Le passé nous enseigne une chose : nous ne consommons moins QUE lorsque le prix de l'énergie rapporté au pouvoir d'achat augmente significativement (1974 et 1979). Par voie de conséquence, la seule façon de passer sur un mode volontaire d'économie d'énergie est d'en élever le prix à payer, un surplus financier qui permettrait aux États de développer l'ensemble des alternatives et des contre-mesures nécessaires pour combattre le fléau du danger climatique associé à celui de la fin de l'ère du pétrole.

4.

La planète a faim. Que font les Autruches ?

Bienvenue en France

Le Français ne se sent pas préoccupé outre mesure par la misère profonde du tiers-monde. La misère, surtout au Sud, existe depuis toujours, elle est consubstantielle à la condition humaine serait-il tenté de dire. Le citoyen n'est d'ailleurs pas véritablement informé de ce qui se passe dans les zones défavorisées, on le lui masque habilement. Sachant que pour conditionner l'opinion publique il faut instaurer en amont une censure et qu'il doit y avoir une barrière entre le public et les évènements, « *l'accès à la réalité est limité afin de pouvoir créer la pseudo-réalité souhaitée* », écrit François Parmentier. Et Noam Chomsky d'analyser que « *Les dirigeants du monde des affaires expliquent depuis longtemps qu'il convient d'imposer à la population une philosophie de la futilité, une absence d'objectifs, afin de focaliser l'attention des gens sur les choses les plus superficielles, qui répondent pour la plupart à des effets de mode. Soumis depuis leur plus tendre enfance à un déluge de propagande de ce genre, les gens pourront accepter leur vie insignifiante et subordonnée, et oublier ces idées ridicules autour de la gestion collective de leurs affaires. Ils s'en remettent à des chefs d'entreprise et à l'industrie de la publicité, ainsi que, sur le plan politique, aux minorités intelligentes autoproclamées qui servent et administrent le pouvoir* ». Cela fonctionne. Le citoyen ne cherche pas à être mieux informé puisqu'il pense déjà l'être (Note 1), et il ne se sent pas responsable de cet état de fait qui coupe le monde en deux par une ligne de démarcation riche-pauvre, ou alors confusément. Il n'en reporte pas la responsabilité sur les gouvernements, ni sur le système économique global qui, croit-il, est un système cohérent, relativement juste, et qui assure le développement à qui veut s'en donner les moyens. Finalement, l'homme de la rue, en Occident, pense mériter sa situation dans un cadre de vie agréable et développé. Ce confort est récent, il n'existait pas au début du XXème siècle, et le sentiment dominant est que, par leur travail assidu et leur intelligence, les générations successives ont su faire prospérer petit à petit leurs nations et qu'il est naturel que leurs héritiers profitent de cette accumulation qui est le résultat d'un fantastique effort réparti sur plusieurs siècles.

Si l'Africain ou le Sud Américain n'a pas ce niveau de vie, c'est qu'il en porte la responsabilité d'une certaine façon. C'est que ses parents et ses grands parents n'ont pas fourni le travail nécessaire, leur mentalité et leur culture faisant du labeur – labeur physique ou intellectuel nécessaire à faire converger la collectivité vers un mieux être physique général – une valeur secondaire au sein de leur société, auquel cas tout s'explique. Par cet artifice, c'est en quelque sorte le pays défavorisé qui est vu comme responsable de sa mauvaise gestion passée, de ses mauvais choix de société, de son manque de labeur collectif. Aussi, sa condition défavorisée est-elle aujourd'hui la conséquence de l'histoire, il en hérite logiquement et moralement. Ainsi, en Occident, on peut plaindre les tiers-mondistes sans pour autant ressentir de responsabilité envers eux : ils ont ce qu'ils méritent historiquement – c'est un jugement sévère mais la vie n'est pas une partie de plaisir – et nous, également, avons ce que nous méritons de notre côté après avoir payé le prix de quelques monstrueuses guerres. Voici, sous la lumière crue, le sentiment éprouvé consciemment ou non chez la plupart de nos concitoyens, leur « bonne conscience ». À cause de ce mécanisme mental solidement implanté, les Occidentaux ne voudront jamais faire l'effort de dénoncer la terrible disharmonie du réseau social sudiste, ni faire en sorte de combler cet écart à partir du moment ou cela pourrait leur apparaître, pour eux-mêmes, comme une baisse de niveau de vie, une confiscation injuste des privilèges chèrement gagnés au cours de l'histoire, une atteinte à leur héritage.

Cette conviction se fonde sur des données erronées. Elle sert de paravent, de barrage empêchant la population du Nord à entrer en désaccord avec l'injustice du système global. La richesse de l'Occident s'est bâtie sur les nations du Sud. Il a imposé par la force ses règles de commerce tournées à son profit, et l'histoire a été marquée par ce rapport dans lequel le plus avancé technologiquement a remporté la bataille et su imposer ses règles au détriment des vaincus. Ce qui est inique n'est pas tant que nous consommions trop, c'est qu'en le faisant nous privions la moitié de l'humanité du strict nécessaire, nous la rendions esclave de conditions de production dont nous nous sommes affranchis dans la douleur.

Chacun d'entre nous désire sincèrement que celui du tiers-monde s'en sorte mieux, améliore ses conditions de vie, mais à condition que cela ne diminue en rien le sien. Pour parodier G. W. Bush, notre mode de vie n'est pas négociable. Nous sommes pour la solidarité et le partage, oui, à la condition que cela ne nous ôte rien.

Bienvenue dans le monde

Un court chapitre pour ne pas enterrer dans nos mémoires les déshérités du monde globalisé, et particulièrement ceux, si nombreux, qui ont faim. Cette tragédie nous paraît d'un autre siècle, pourtant elle ravage toujours notre planète bleue où les religions propagent le message millénaire « croissez et multipliez », cet ordre divin qui, s'il frisait l'absurdité dans la seconde moitié du XXème siècle, devient franchement criminel aujourd'hui. Voici, en quelques chiffres, un panorama contemporain de la misère du monde. Le scandale est de s'apercevoir, très facilement à travers ces indicateurs, que nous avons mille fois les moyens de juguler cette misère qui transforme des millions d'enfants et d'adultes en bêtes de somme, en animaux faméliques.

Les chiffres de la misère

En 2004, 4,8 milliards d'êtres humains vivent dans les pays du tiers-monde. La misère a atteint un niveau plus effroyable qu'à aucune autre époque de l'histoire. C'est ainsi que plus de 10 millions d'enfants de moins de cinq ans meurent chaque année de sous-alimentation, d'épidémies, de pollution des eaux et d'insalubrité. 50 % de ces décès interviennent dans les six pays les plus pauvres de la planète. 42 % des pays du sud abritent 90 % des victimes.

842 millions de personnes souffrent de sous-alimentation permanente et chronique.

1,2 milliard d'êtres humains végètent dans un dénuement extrême, avec moins de un dollar par jour – tandis que 1 % des habitants les plus riches gagnent autant d'argent que 57 % des personnes les plus pauvres de la terre.

850 millions d'adultes sont analphabètes et 325 millions d'enfants en âge scolaire ne fréquenteront jamais d'école. Par exemple, dans les 191 états membres des Nations Unies, 113 millions d'enfants de moins de quinze ans n'ont pas accès à l'école, et 62 % d'entre eux sont des filles. Au Maroc, un pays proche qu'on hésiterait à classer dans la catégorie des laissés pour compte, 42 % des adultes ne savent ni lire, ni écrire, et 32 % des enfants sont exclus de toute forme de scolarisation. L'UNICEF a fait le calcul : donner accès à l'école à tous les enfants de 6 à 15 ans dans le monde coûterait à l'ensemble des États concernés environ 7 milliards de dollars supplémentaires par an, pendant dix ans.

Cette somme est inférieure à ce que dépensent annuellement les habitants des États-Unis pour leurs achats de produits cosmétiques.

Ailleurs, les maladies négligées par les trusts pharmaceutiques tuent des millions de personnes chaque année. Parce qu'aucun médicament n'est rentable à développer puis à vendre dans ces seuls pays pauvres affligés de maladies spécifiques, des hommes souffrent et meurent de la maladie du sommeil, de la fièvre dengue, etc. Le rapport de l'Organisation mondiale de la santé (OMS) en 2004 en tire les conséquences : « *En matière pharmaceutique, la fonction régulatrice du mar-*

ché est inopérante pour répondre aux besoins. Des mesures normatives seraient indispensables ». Tout le monde le sait mais la loi du marché prédomine, prédateur ultime de la chaîne humaine.

La faim et la soif

D'après le dernier rapport de l'Organisation des Nations Unies pour l'alimentation et l'agriculture, 13 % de la population mondiale, soit 852 millions de personnes sont victimes de sous-alimentation dans le monde entre 2000 et 2002. Ce bilan rend illusoire l'accomplissement des objectifs fixés en 1996, lors du sommet mondial de l'alimentation, de diviser par deux le nombre de sous alimentés d'ici à 2015. Au milieu des années 1990, la production agricole chinoise et indienne a atteint un plafond, alors que la population a continué de croître, avec un bilan de 4 millions de sous alimentés en plus chaque année. Cela ne surprend pas le directeur de l'organisation non gouvernementale « Action contre la faim », Benoît Miribel, qui annonce que leur plus grosse mission en un quart de siècle d'activités vient d'avoir lieu en 2004 en Afrique (au Darfour). 35 pays sont en proie à des crises alimentaires recensées en juillet 2004. Le retour de la famine, mis en évidence par la FAO, s'accompagne d'une évolution des facteurs de crise : depuis 15 ans la proportion des urgences alimentaires dues à l'action humaine, conflits, crises économiques, ne cesse de s'accroître, reléguant au second plan les facteurs d'origine naturelle. Plus de la moitié des 10 millions de décès annuels des moins de 5 ans « *sont imputables à la vulnérabilité accrue des enfants sous-alimentés et trop maigres* », explique le rapport de l'ONU.

La famine est – appelons un chat, un chat – un massacre organisé à grande échelle, un crime contre l'humanité. « *C'est une absurdité, une infamie qu'aucune raison ne saurait justifier ni aucune politique légitimer* », crie Jean Ziegler (Note 2). Le rapport sur l'insécurité alimentaire dans le monde, de la FAO, publié en 2003, prouve, chiffres à l'appui, que l'agriculture mondiale, dans l'état actuel du développement de ses forces productives, pourrait nourrir 12 milliards d'êtres humains, en leur fournissant chaque jour une ration de 2700 calories.

Or, deux milliards de personnes souffrent aujourd'hui de la malnutrition, une faim qui n'est pas seulement une carence calorique mais qui se définit également par une carence en micronutriments, tels que les vitamines, les sels minéraux, les oligoéléments, provoquant des maladies souvent mortelles. C'est ainsi que la faim aura tué en 2004 plus d'êtres humains encore que toutes les guerres réunies conduites au cours de cette même année.

Dans *Géopolitique de la faim*, José de Castro écrit : *« la moitié des brésiliens ne dorment pas parce qu'ils ont faim. L'autre moitié ne dort pas non plus parce qu'elle a peur de ceux qui ont faim »*.

« **La faim est donc la principale cause de mort sur notre planète. Et cette faim est faite de main d'homme. Quiconque meurt de faim, meurt assassiné »**, assène Ziegler avec la hargne de celui qui a contemplé le diable au fond des yeux.

L'eau est aussi un problème vital : 9000 enfants de moins de dix ans meurent chaque jour de l'ingestion d'eau malpropre. Un tiers de la population n'a pas accès à une eau saine à un prix abordable. Et les sécheresses dues au réchauffement climatique en cours, ainsi que la pollution des nappes phréatiques vont considérablement augmenter les difficultés d'accès à l'eau dans les prochaines décennies.

Qu'y pouvons-nous ? Un exemple parmi tant d'autres :

Nestlé est la société la plus puissante qui existe dans le domaine de l'alimentation et de l'eau. Depuis longtemps, il existe des organisations qui alertent le monde sur les dangers présentés par les produits de la firme de Vevey, comme le lait infantile en poudre. Oxfam publia un rapport qui concluait qu'inciter les femmes du monde entier à renoncer à l'allaitement maternel au profit de l'achat de produits Nestlé constituait une atteinte à la santé des nourrissons. Et l'UNICEF évalue à 4000 le nombre des nourrissons qui meurent chaque jour du fait de l'ingestion de lait en poudre. Est-ce à dire que le lait en poudre est en cause ? Non, dans tous les cas, ce qui est en cause est soit l'eau ajoutée, insalubre, soit la mauvaise stérilisation des biberons, soit la quantité insuffisante de poudre lactée. Dans les pays du tiers-monde, le lait en poudre coûte cher et on n'hésite pas à diminuer les doses, l'eau est souvent impropre à la consommation et entraîne des diarrhées graves ou mortelles chez les nourrissons. Les maternités, subventionnées par Nestlé, offrent des biberons et quelques boîtes de lait. Les jeunes mères sont tentées d'accepter car le lait occidental jouit d'une renommée certaine, ne contribue-t-il pas à faire des adultes robustes ? Lorsque les boîtes sont vides et que la jeune mère s'aperçoit avec horreur du coût prohibitif de l'allaitement sur ce mode, il est trop tard, elle n'a plus de lait maternel, ses seins se sont asséchés. Les sociétés privées font actuellement main basse sur l'eau, bientôt cette ressource sera rare et chère et les peuples en difficulté pâtiront de ce rapt.

La dette

La dette extérieure cumulée de 122 pays du tiers-monde s'élève à 2 000 milliards. Les flux de capitaux Sud-Nord sont excédentaires par rapport aux flux Nord-Sud. Les pays pauvres versent annuellement aux classes dirigeantes des pays riches beaucoup plus d'argent qu'ils n'en reçoivent d'elles, sous forme d'investissements, de crédits de coopération, d'aide humanitaire ou d'aide dite au développement : 54 milliards de dollars contre 436 milliards au titre du service de la dette. Le service de la dette (paiement des intérêts et des tranches d'amortissement) absorbe la plus grande part des ressources des pays endettés. Il ne reste plus rien ensuite pour financer les investissements sociaux : l'école publique, les hôpitaux publics, les assurances sociales, etc. Quand le FMI ordonne, pour le paiement prioritaire de la dette, de nouvelles coupes budgétaires, où sont-elles commises ? Jamais dans le budget militaire : ces institutions sont essentielles pour garantir la sécurité de l'investissement étranger.

La dette ne profite qu'à deux catégories de personnes : les créanciers étrangers et les membres des classes dominantes autochtones. Le poids de la dette pèse sur les pauvres et sur eux seuls. En 2001, chaque habitant d'Amérique latine (vieillards et bébés compris) était redevable, en moyenne, de 2550 dollars aux créanciers du Nord. La faim est le produit direct de la dette, dette qui prive les pays de leur capacité d'achat et d'investissement nécessaires à l'augmentation du rendement agricole et à l'importation des biens manquants. *« La dette est une arme de destruction massive »*, affirme Jean Ziegler en apportant le témoignage vivant d'un observateur privilégié de la souffrance humaine en Éthiopie, au Brésil, où le rapporteur spécial de l'ONU a côtoyé les bas-fonds du désespoir. Avec une dette extérieure de plus de 240 milliards de dollars US, correspondant à 52 % de son produit intérieur brut, le Brésil est ainsi le deuxième pays le plus endetté de l'hémisphère sud. Pourtant, le Brésil est la onzième puissance économique de la planète. Ses avions, ses voitures, ses médicaments sont à la pointe des progrès technologiques et scientifiques. Nombre de ses universités publiques et privées comptent parmi les meilleures du monde. Pourtant, 44 millions des 176 millions de Brésiliens vivent en état de sous-alimentation chronique. Au début des années 1980, le FMI a imposé un plan d'ajustement structurel particulièrement sévère au Brésil. Le gouvernement a dû réduire massivement ses dépenses. Il a, entre autres, interrompu une campagne nationale de vaccination contre la rougeole. Une épidémie effroyable de rougeole s'est alors déclarée. Des milliers d'enfants non vaccinés sont morts. La dette les a tués. « Jubilé 2000 » a calculé qu'en 2004, toutes les cinq secondes, un enfant de moins de 10 ans meurt à cause de la dette.

Toujours au Brésil, le réarmement, la réorganisation et la modernisation de la marine, de la force aérienne et de l'armée de terre de la dictature précédente avalèrent quelques milliards de dollars de crédits publics et privés nord-américains, toujours concédés par les banques privées ou le FMI. Tout ceci pour assurer la « sécurité nationale », autrement dit la chasse aux démocrates, la garantie de la stabilité demandée par les États-Unis, le financement des élites corrompues et la satisfaction des transnationales, celles que Noam Chomsky appelle les « gigantesques personnes immortelles ». Mais Luiz Inacio Lula de Silva est arrivé au pouvoir. Depuis son élection surprise en 2002, qui sema la panique à Londres, Washington, Zurich, Paris et New York, Lula manœuvre et paie la dette, lui qui a toujours rêvé de l'abolir. Il a des moyens légaux à sa disposition pour la revoir à la baisse et le peuple le supplie de les employer. Mais il risque de s'attirer des foudres qui pourraient l'abattre s'il déclenche un mouvement de remise en question de la suprématie de la finance hauturière.

Bien que l'immense majorité des pays concernés paient scrupuleusement les tranches de remboursement, leur dette extérieure ne cesse d'augmenter. Comment expliquer ce phénomène ? Les pays débiteurs sont fréquemment des pays producteurs de matières premières et agricoles. Ils doivent importer l'essentiel des biens industriels, machines, camions, médicaments, ciment, etc. dont ils ont besoin. Or, sur le marché mondial, au cours des vingt dernières années, les prix des biens industriels ont plus que sextuplé. Les prix des matières premières agricoles, en revanche, n'ont cessé de chuter. Les prix du sucre, du café par exemple, se sont effondrés. Autre raison, la corruption organisée en toute complicité avec certaines banques privées suisses, américaines, françaises, qui fait des ravages. Alors que la dette de la République démocratique du Congo est de 13 milliards de dollars, la fortune personnelle du dirigeant Mobutu s'élève à 8 milliards ! Alors que faire ? Décider de stopper les remboursements ? Dans la pratique, un état insolvable est traité comme une entreprise privée se trouvant dans la même situation. Lorsqu'un pays n'honore plus sa dette auprès des institutions de Bretton Woods et des banquiers, ses bateaux sont saisis dès qu'ils accostent à l'étranger, ses avions sont mis sous séquestre dès qu'ils atterrissent en dehors du pays, ses fonds et ses avoirs bancaires sont gelés, les pressions internationales se font intolérables et les menaces d'embargo sont brandies. Aucun état ne peut résister à des conditions aussi terribles à moins de se retirer du monde et de vivre en autarcie complète. De plus, le FMI est le garant des spéculateurs étrangers. Lors de l'attaque menée par les spéculateurs sur la monnaie nationale Thaïlandaise en 1997, le FMI imposa au pays de lever de nouveaux emprunts et de rembourser rubis sur l'ongle les spéculateurs privés, contraignant simultanément le gouvernement à fermer des centaines d'hôpitaux et d'écoles, à suspendre les travaux de réfection des infrastructures, de révoquer les crédits accordés aux entrepreneurs thaïlandais.

Et qu'on ne dise pas que l'annulation de la dette est impossible parce qu'elle mettrait en danger de mort le système bancaire mondial tout entier ! De 2000 à 2002, une crise boursière a coûté des centaines de milliards de dollars, et le système bancaire s'est rétabli dans un temps assez court, aucun pays du Nord ne s'est retrouvé en difficulté. D'aucuns rétorqueront que le G8 a annulé les dettes des pays pauvres depuis juillet 2005. Mais cela ressemble à de la poudre aux yeux ! En réalité, les 8 pays les plus riches de la planète se sont engagés à ce que seuls 18 pays parmi les plus pauvres du globe bénéficient d'une annulation complète de leur dette envers le FMI, la Banque Mondiale et la Banque Africaine de Développement, qui s'élève au global à 40 milliards de dollars (Note 3). 18 pays sur 122, 40 milliards sur 2000 milliards, une goutte d'eau dans l'océan mais un plan de communication digne d'éloges !

Les chiffres de l'enrichissement

Lorsque l'on regarde la situation globalement, l'axiome de la science physique « rien ne se perd, rien ne se créée » semble pouvoir s'appliquer à la société mondiale : la paupérisation d'une grande partie de l'humanité, par vase communiquant (Note 4), s'équilibre avec l'augmentation fulgurante des richesses d'une minuscule oligarchie dominante transnationale. En effet, les nouvelles féodalités capitalistes ne cessent de prospérer.

Le rendement des fonds propres des 500 plus puissantes sociétés transcontinentales du monde a été de 15 % par an depuis 2001 aux États-Unis, de 12 % en France. Les 374 plus grandes sociétés transcontinentales inventoriées par l'indice Standard and Poor's détiennent aujourd'hui, ensemble, 555 milliards de dollars de réserve. Cette somme a doublé depuis 1999. « *Le capitalisme globalisé a atteint un stade inédit (...) celui de la croissance rapide et continue sans création d'emplois, sans promotion des travailleurs et sans augmentation du pouvoir d'achat des consommateurs* ». Les 500 plus grandes sociétés transcontinentales au monde, dont 290 sont nord-américaines, contrôlent 52 % du produit intérieur brut de la planète et n'emploient que 1,8 % de la main-d'œuvre mondiale. L'augmentation de l'industrialisation et de la modernisation des moyens de production ne va plus de pair avec l'augmentation de l'offre d'emploi. Tout au contraire l'augmentation des bénéfices passe par la réduction maximale de la masse salariale.

En 2003, le nombre des millionnaires en dollars, tous pays confondus, s'élevait à 7,7 millions de personnes, soit 500 000 de plus qu'en 2002 !

Alors que les dépenses d'armement de tous les États du monde ont dépassé 1 000 milliards de dollars en 2004, un budget global en hausse – le monde a dépensé en 2003 pour financer des armes de guerre 18 % de plus qu'en 2001 – 47 % de ces dépenses ont été effectuées par les États-Unis ce qui donne un aperçu de la volonté du gendarme Sam dans la course à l'armement.

Confrontons misère et richesse. Le scandale n'a besoin d'aucuns mots pour s'exprimer, les chiffres suffisent :

Selon le rapport du PNUD (Programme des Nations Unies) (Note 5) :

– Les 3 personnes les plus riches au monde sont aussi riches que les 48 pays les plus pauvres ;

– il suffirait de 4 % de prélèvement sur les 225 personnes les plus riches pour étancher le déficit alimentaire, sanitaire et éducatif de la planète entière ;

– les besoins nutritionnels et sanitaires de la planète sont estimés à 13 milliards de dollars : alors que les États-Unis et l'Europe dépensent 17 milliards pour leurs animaux domestiques, 50 milliards pour leurs paquets de cigarettes ;

Dans son rapport annuel de 2004, le PNUD estime ainsi qu'une dépense annuelle de 80 milliards de dollars sur une période de dix ans permettrait de garantir à tout être humain l'accès à l'éducation de base, aux soins de santé de base, à une nourriture adéquate, à l'eau potable et à des infrastructures sanitaires, ainsi que pour les femmes l'accès aux soins de gynécologie et d'obstétrique. Avec 80 milliards (2004) toutes les souffrances primaires qui affligent l'humanité et qui la relèguent à une condition indigne seraient résolues, tandis que le budget de la défense américain s'élève à 470 milliards pour la même année !

Mais ne demandons pas la Lune : 40 milliards de dollars suffiraient à solutionner le problème de la faim, de l'eau, du logement et des épidémies, soit dix fois moins que les dépenses mondiales de publicité. La main droite ignore la main gauche, l'humanité est un être schizophrène, à tendance suicidaire prononcée, c'est l'unique constat que nous puissions faire sur notre condition.

C'est la FAIM du MONDE.

Notes :

1. La propagande et la manipulation des masses par les médias sont favorisées par une concentration de ces médias entre quelques mains : Robert Mc Chesney, de l'université de l'Illinois, publie dans son livre *Rich Media, Poor Democracy* des statistiques sur la concentration des médias aux USA et dans le monde. Les implications pour la démocratie sont inquiétantes. Selon Mc Chesney, en 1999, huit grands groupes possèdent plus de 70 % des médias de la planète, TV, journaux, magazines, radios, systèmes satellites, câbles, éditions de livres, production et distribution cinématographique et théâtrale, opérateurs internet, affichage publicitaire et parcs à thèmes. Des centaines de millions de gens, à chaque instant, sont accaparés par un de ces médias. Ces huit géants sont : AOL Time Warner, Disney, Fox News Ltd, Viacom, Seagram, General Electric, Sony et Bertelsmann.
Les trois premiers de la liste possèdent plus de 50 % de la totalité. Un tel degré de concentration ne saute pas aux yeux, et nécessite des études approfondies. CNN, par exemple, appartient à *AOL Time Warner*. En France, les groupes d'armement Laguardère et Dassault possèdent d'innombrables médias (*Hachette, Le Figaro* par exemple). Qui dirige les médias dirige le monde.

2. Jean Ziegler est rapporteur spécial des Nations Unies pour le droit à l'alimentation. Son livre *L'empire de la honte*, publié en 2005, dénonce la mise sous tutelle de notre humanité à deux vitesses par les puissances financières transcontinentales, ceux que Ziegler appelle les *cosmocrates*.

3. Il s'agit du Bénin, de la Bolivie, du Burkina, de l'Ethiopie, du Ghana, du Guyana, du Honduras, de Madagascar, du Mali, de la Mauritanie, du Mozambique, du Nicaragua, du Niger, du Rwanda, du Sénégal, de la Tanzanie, de l'Ouganda et de la Zambie. En 2006, neuf pays supplémentaires bénéficient d'une mesure similaire pour un montant de 11 milliards de dollars. Puis onze autres pays rejoindront encore ce groupe. Les pays riches ont prévu de compenser les pertes des remboursements des pays pauvres envers les deux banques internationales, tandis que le FMI fera appel à ses ressources propres. Mais en contrepartie, ces pays doivent se plier à tous les plans de restructuration imposés par le FMI.

4. la comptabilité financière possède sa logique propre, une logique qui n'est pas celle des hommes, comme le souligne André-Jacques Holbecq dans son livre *Un regard citoyen sur l'économie*. Selon la logique comptable, il est à la fois possible et légal de s'enrichir sans prendre la peine de rien amasser. Il suffit que s'élève la valeur des actifs, sorte de richesse détenue, et que s'abaisse celle des dettes. Au XIXème siècle le profit se définissait comme ce qui subsistait lorsque tous les frais étaient déduits. Or seules les marges patronales étaient jugées profitables, ce qui entraîna la mise à l'écart des salaires qui figurèrent au débit des comptes, dans cette jolie mécanique comptable destinée aux détenteurs des moyens de production. Les salaires représentant pour eux des frais, des dépenses, on comprend qu'ils furent assimilés à des pertes et que se dégagea la volonté de les réduire au minimum par tous les moyens. Ce système, qui assimile à des pertes la part du peuple, est toujours d'actualité, sauf que la dichotomie s'est déplacée de « patrons-salariés » vers « sociétés transnationales-exploités » du tiers-monde.

5. Chiffres PNUD 1998.

5.

Le système économique marche sur la tête et nous envoie dans le mur. Que font les autruches ?

Les sujets abordés jusqu'ici se sont nourris de chiffres exacts, de rapports d'experts internationaux voire d'institutions représentatives, fournissant à mon propos toute l'objectivité dont il avait besoin pour démontrer sa force. À eux seuls, les problèmes posés par le pétrole, le changement climatique et le paupérisme feraient exploser n'importe quel tableau de bord que tiendrait un représentant populaire chargé de convoyer sa nation sur le chemin du XXIème siècle. Il n'en demeure pas moins que d'autres réalités s'interpénétrant les unes les autres réagissent et font réagir celles dont nous venons de discuter: tout est lié, interconnecté, et l'analyse réductrice ne doit pas oublier qu'elle a affaire à un système global multifactoriel.

L'aberration du dogme de la « croissance » éternelle

L'accès au marché mondial des nations émergentes à fort potentiel et forte démographie, la Chine et l'Inde en tête, entraîne mécaniquement une hausse de la demande en matières premières et en pétrole. Étant donné les ressources limitées de la planète, cette demande va générer une hausse des prix – elle a déjà commencé sur le pétrole, l'acier, le cuivre par exemple – et solliciter une hyperconcurrence internationale ne pouvant conduire, au mieux, qu'à un ralentissement économique global suite à la pénurie des ressources, au pire, à un effondrement et à des conflits militaires autour des régions détentrices.

« *Il y a suffisamment de ressources sur cette planète pour répondre aux besoins de tous, mais pas assez pour satisfaire le désir de possession de chacun* », a proclamé Gandhi bien avant que la gloutonnerie de la Chine se soit éveillée et, avec elle, notre brutale prise de conscience de la finitude du monde. Le modèle mondial auquel on nous demande de nous adapter va à l'impasse : ce modèle de croissance, de bonheur économique ne sera bientôt plus possible, faute de ressources énergétiques et de matières premières. Il va asphyxier la prochaine génération, s'il arrive à tenir jusque-là.

En termes d'empreinte écologique, on a mesuré que si les pays en développement adoptent le mode de vie des pays riches, il faudrait l'équivalent de plusieurs planètes. Or, comment refuser de rassasier chacun ? De quel droit limiter le potentiel de consommation d'un Chinois ou d'un Indien à un dixième du nôtre sous prétexte que nous avons atteint les bornes de ce que l'on pouvait extraire de la Terre ? Croyez-vous que ces gens se laisseront déposséder de ce droit nouvellement acquis de se confronter au jeu de la libre concurrence ? La croissance mène droit à la guerre, il n'y a guère d'alternatives. Elle prend en ce moment des allures effrénées qui ressemblent à l'ultime bal sur le pont du Titanic.

Serge Latouche, économiste et philosophe, professeur à l'université de Paris-Sud, est un des chefs de file de la décroissance soutenable. « *Nous sommes devenus des toxicodépendants de la croissance, nous sommes dans la situation du drogué qui préfère fréquenter son dealer alors qu'il sait qu'il est en danger de mort* », dit-il sans blaguer. « *Nous devons devenir des athées de la croissance* », ou bien nous périrons.

Le fameux rapport du club de Rome « *recoupe admirablement les travaux des géologues et climatologues d'aujourd'hui : c'est vraisemblablement au cours du XXIème siècle que la croissance matérielle perpétuelle prendra fin* » diagnostique Yves Cochet. Examinons ce rapport Meadows, dit « du Club de Rome », datant de 1972 et s'appuyant sur des simulations informatiques sur la base de modèles mathématiques représentatifs de l'évolution de l'écosystème mondial. La conclusion du rapport est que si le système actuel n'est pas modifié en profondeur, le comportement fondamental de l'écosystème, qui se définit par une croissance exponentielle de la population et des investissements, sera suivi d'un effondrement entre 2020 et 2050. Cet effondrement ne sera pas la disparition de l'humanité, ce sera une diminution brutale de la population et de nouvelles conditions de vie caractérisées par une baisse importante du produit industriel et du quota alimentaire par habitant.

Meadows estime avoir démontré que les tentatives pour résoudre par la technologie des problèmes tels que l'épuisement des ressources, la pollution ou la pénurie alimentaire n'ont aucune incidence sur l'essence même du problème : la croissance exponentielle dans un système complexe et fermé.

Rappelons pour mémoire que la population mondiale s'élèvait à 6.5 milliards d'individus en 2004, et atteindra probablement le chiffre de 8 milliards en 2020. Et que d'autre part l'empreinte écologique de l'Etats-unien moyen est supérieure à 5 – c'est-à-dire qu'il faudrait 5 planètes Terres pour que toute la population mondiale ait son niveau de vie – tandis qu'elle représente 3,5 pour l'Européen moyen, à l'heure où la Chine et l'Inde prétendent accéder à un niveau comparable.

Dans les simulations de Meadows et Forrester, la cause initiale de l'effondrement est l'assèchement des ressources naturelles entre 2010 et 2050. Étant donné la loi de l'offre et de la demande, la majorité des ressources naturelles non renouvelables atteignent rapidement des prix prohibitifs ; la population continue à croître jusque vers 2050, par effet retard, et l'effondrement intervient ensuite. Le doublement des ressources naturelles apporterait un espoir illusoire, on aboutit à la même prédiction à cause de la croissance exponentielle du modèle. Voyez le cas du nénuphar qui double sa taille chaque jour dans l'étang. Même si l'on double la taille de l'étang, il ne faudra qu'un jour de plus au nénuphar pour envahir toute la surface aquatique.

La mise à disposition d'une quantité illimitée d'énergie (énergie nucléaire par exemple) aboutit à la même issue du fait de l'épuisement des ressources, des sols et des cultures, et de la démographie galopante. À partir du seuil où la limite des superficies cultivables est atteinte, le quota alimentaire décline et la production industrielle diminue car une part croissante du capital global doit être consacrée à la production alimentaire. Et rien ne sert à doubler le rendement des terres agricoles car, dans ce cas, l'ampleur de la production engendre un niveau de pollution catastrophique qui concourt à l'effondrement du système.

« *Les boucles positives du système global conduisent à la croissance exponentielle de toutes les grandeurs mises en jeu, mais les trois boucles négatives : famine, pollution, épuisement des ressources, contribueront de toute façon à l'arrêt de la croissance exponentielle suivi d'un effondrement car nous sommes sur une planète finie !* », conclut André-Jacques Holbecq en soulignant que les prévisions de Meadows ont rejoint l'actualité.

D'aucuns diront que le capitalisme a besoin de bonnes petites guerres pour se relancer. C'est d'autant plus vrai que la « croissance » est à présent contrainte par les limites en ressources naturelles non extensibles. Diminuer la population permet de réguler certains processus mis en danger par une situation explosive qui fait ressortir les vices inhérents au système économico-financier qui croît, croît, et enfle si fort qu'il en crève.

La critique de l'indicateur « PIB »

Le PIB est « la somme des valeurs des produits et services disponibles pour un usage final ». Le PNB, intégrant en plus la production réalisée à l'étranger, mesure le revenu des agents économiques ainsi que la valeur des productions disponibles à la consommation. Le PIB est le principal outil de définition de la « croissance », il en est sa boussole. Or, il se pourrait qu'il perde le nord. Constatez :

Tout ce qui est bénévole, non marchand, n'entre pas en ligne de compte dans le PIB : le travail des associations y est invisible, le copain qui vous répare votre voiture inexistant, votre mère qui garde les enfants transparente, les cours de math que vous donnez au fils de la voisine moyennant la garde des poissons rouges pendant les vacances compte pour du beurre, autant que la pièce de théâtre jouée gratuitement par une troupe amateur, ou l'éducation et les soins que vous apportez à vos gosses qui préféreront nettement cette solution désavantageuse pour le PIB à des cours privés et des garderies payantes, pourtant générateur de Produit Intérieur Brut.

Le patrimoine naturel n'existe pas dans le PIB, ni le patrimoine individuel puisqu'il s'agit de mesurer des échanges et des revenus. Il n'y a donc nulle part de dotation aux amortissements pour l'épuisement des stocks de ressources naturelles, que ce soit pour la mine de platine, le gisement de pétrole, l'eau douce, ou l'air que l'on respire et qui sent de plus en plus mauvais.

Pire, sublime aberration : les catastrophes font fructifier le PIB ! De par les salaires que l'on verse, les produits que l'on développe, les actions que l'on mène pour soigner, réparer, reconstruire. Quand on dit que le coût d'un ouragan est de 100 milliards de dollars, c'est qu'en fait il va rapporter cette somme ! Lorsqu'un tsunami ou un tremblement de terre destructeur survient, c'est une aubaine économique, tout est à rebâtir, c'est un énorme appel d'air pour les entreprises et l'activité marchande. Lisez le rapport « Reconsidérez la richesse » réalisé en 2002 par Patrick Viveret, magistrat et Conseiller référendaire à la Cour des Comptes : « *Nous avons la preuve permanente que notre représentation de la richesse, et l'usage contre-productif que nous faisons de la monnaie, aggrave les problèmes auxquels nos sociétés sont confrontées au lieu de nous aider à les résoudre. Dans la plupart des dossiers qui ont été au cœur des débats publics de ces derniers mois, de la vache folle à l'Erika, de l'amiante aux accidents de la route, des conséquences de la grande tempête de décembre 1999 à la crise des carburants de l'automne 2000, il y a toujours un élément commun que l'on oublie curieusement de rappeler : ces catastrophes sont des bénédictions pour notre PIB* ». Les destructions environnementales ne sont pas comptabilisées comme des destructions mais comme des apports de richesse car elles génèrent des activités monnayables. Alors que le nettoyage bénévole des plages bretonnes mazoutées a fait baisser le PIB, l'échouage du pétrolier responsable de cette honte a contribué à sa remontée puisqu'il a fallu payer des entreprises pour stocker et détruire ce mazout récupéré, acheter des combinaisons, des gants et des seaux pour les bénévoles. Le PIB marche sur la tête (Note 2). Il fait « BIP, BIP »...

Par conséquent, nous sommes dirigés sur la base de faux renseignements : la sonde de température qui relie le moteur au tableau de bord pour prévenir le conducteur de l'état de sa voiture est placée au mauvais endroit : alors que le moteur surchauffe dangereusement, risquant de péter dans la prochaine côte, le voyant de température reste dans le vert. C'est exactement ce qui se produit avec le PIB et la comptabilité (le système comptable des entreprises a hérité de ce vice de construction selon lequel « la nature est gratuite »). Tant que le PIB engrangera en positif des actions qui détruisent le patrimoine naturel et oubliera de comptabiliser la vie sociale non marchande, il ne sera qu'un triste reflet de la réalité, un étalon amputé, un éclat de miroir mal dirigé à qui échappe l'ombre de la tempête qui vient.

La critique du système monétaire

Le crédit

Au cœur du système bancaire se trouve la Banque Centrale. Chaque état moderne possède la sienne. En Europe, les Banques Centrales de chacun des états membres sont maintenant chapeautées par la BCE, la Banque Centrale Européenne. Sa mission est d'assurer la stabilité des prix, de veiller sur la monnaie, l'euro, le crédit et le bon fonctionnement du système bancaire. La Banque Centrale nationale est la banque des banques. Toutes les autres, de second rang, possèdent un compte chez elle, qu'elles sont obligées de provisionner, ce sont les réserves obligatoires. La Banque Centrale crée-t-elle de la monnaie ? Non. Aujourd'hui l'État se finance directement sur les marchés financiers, et ne fait plus intervenir la création monétaire de la Banque Centrale pour ses financements. Le traité de Maastricht, en son article 104, l'interdit.

Le rôle des banques privées est de collecter les dépôts et de prêter – d'investir – les sommes ainsi collectées. Elles prêtent beaucoup plus qu'on ne leur confie, elles jouent un rôle de multiplicateur de crédit (Note 3). Si une banque crée 10000 euros, sous forme de crédit, elle doit garder 10 % de celui-ci en réserve – réserve obligatoire – elle peut donc prêter 9000 euros. Les 10000 euros existant toujours sur le compte de dépôts, les 9000 euros prêtés existent maintenant deux fois. Il y a bien eu création monétaire par l'intermédiaire du crédit, et cette monnaie ne disparaîtra que lorsque le crédit arrivera à son terme. Dans l'attente, ces nouveaux 9000 euros, une fois dépensés, aboutiront sur un autre compte de dépôt et la banque réceptrice sera à son tour en mesure d'accorder un autre prêt de : 9000 moins 10 % soit 8 100 euros. Ces 8 100 aboutiront à leur tour sur un compte de dépôt et autoriseront un nouveau prêt, et ainsi de suite… En fin de compte, ce système aboutit à la possibilité de multiplier par 10 la somme initialement prêtée.

Ceci démontre que les banques créent de l'argent par le crédit. En revanche, personne ne crée la monnaie nécessaire au paiement des intérêts, sauf à recourir à de nouveaux crédits.

Là, le bât blesse. Là, réside la vraie cause de la « croissance » invoquée comme remède universel à la santé des nations. Dans le système économique, la croissance est rendue indispensable par le fait que l'argent créé est temporaire et que les banques ne créent que le capital emprunté et non les intérêts. Dans ces conditions, et pour que le système continue de fonctionner, il est condamné au surenchérissement : il faut créer chaque année plus d'argent que la précédente afin qu'il y ait assez en circulation pour permettre le remboursement du principal et des intérêts ! « *Les banques créent l'argent du capital mais pas celui de l'intérêt, ce qui, mathématiquement, induit d'une part l'appauvrissement puisqu'il faut rembourser plus que ce qui a été émis, et d'autre part la destruction de la planète à terme* », écrit Philippe Derudder dans *Les trente mutantes*.

Le rôle de la monnaie est dramatiquement sous-estimé en économie, « *parce que la pensée libérale classique veut qu'une monnaie soit neutre et ne soit qu'un voile ne modifiant en rien les échanges de biens et de services* », révèle André-Jacques Holbecq dans *Un regard citoyen sur l'économie*. Aujourd'hui, la neutralité de la monnaie n'existe pas, il y a anémie monétaire dans le circuit économique, une anémie organisée. Par le mécanisme de l'expansion de l'offre monétaire privée, le pouvoir de créer de l'argent a peu à peu échappé aux gouvernements pour échoir aux banques privées. Un système insidieux de parasitage économique s'est développé aboutissant à un véritable pillage des richesses nationales. Les armes silencieuses d'une véritable guerre économique se sont mises en place. « *La Banque mondiale, et le FMI, censés aider les pays en voie de développement ne font en fait qu'accroître leur paupérisation en pillant leurs ressources* », affirme Vladimir Nuri qui voit dans le système monétaire et les actions des institutions le déroulement d'un plan orchestré.

La dynamique monétaire est un sujet vaste et complexe. L'irruption des disciplines scientifiques dans la modélisation, la compréhension, la prévision et le pilotage, sans pour autant aboutir à des solutions complètes et performantes, atteste de la complexité du domaine. Les physiciens y appliquent par exemple des techniques de modélisation statistique et informatique afin d'élaborer des théories novatrices à propos des flux monétaires des grandes économies ou des marchés boursiers. Il n'empêche que beaucoup d'experts et de citoyens sont en mesure de comprendre de quoi il retourne, notamment avec la contrefaçon légalisée.

Comme chacun sait, la contrefaçon monétaire est un vol. Le criminel obtient des biens réels par le vol collectif des utilisateurs de la monnaie. Néanmoins, il ne s'agit pas d'un abus manifeste dont la victime se rend compte promptement, comme lors du vol d'une voiture. Les gouvernements ont des lois draconiennes contre la contrefaçon, la considérant au même titre que le sabotage, la trahison ou la guerre. Certaines guerres ont d'ailleurs été financées par la pratique consistant pour un pays à falsifier la monnaie d'un autre pays et à acheter (en réalité confisquer) des ressources par ce moyen. En ce sens, il s'agit d'une prise de possession camouflée ou d'une guerre économique. Alors que le pillage est parfois l'objectif d'une guerre, la contrefaçon permet une déprédation invisible sans armes ni armée. « *Dans son essence la création de monnaie ex nihilo actuelle par le système bancaire est identique à la création de monnaie par des faux-monnayeurs. Concrètement, elle aboutit aux mêmes résultats. La seule différence est que ceux qui en profitent sont différents* », écrit le Prix Nobel français d'Économie Maurice Allais. L'analogie avec la contrefaçon est manifeste lorsqu'on fait appel aux mathématiques. La seule différence entre contrefaçon illicite et expansion de l'offre privée légale, est que les gains pour le bénéficiaire dans le deuxième cas sont sanctionnés officiellement, non distribués à tort et à travers et limités selon le taux d'expansion. L'expansion privée correspond à de la contrefaçon légale, un pillage clandestin et approuvé par l'État.

« *L'intérêt procuré par l'argent est probablement le concept économique le plus pernicieux car étant apparemment de petite valeur* », explique André-Jacques Holbecq. « *Il a tendance à être négligé, sous-estimé, accepté comme une chose naturelle. Il avance masqué, et comme il est l'ami de tous, ses méfaits ne lui sont jamais attribués et son existence n'est ainsi jamais remise en cause. Pourtant, l'effet Papillon que la science nous a révélé, montre que de petites causes peuvent engendrer de grands effets. Il en est de même avec l'intérêt.* ***Il a le pouvoir de transférer l'argent de ceux qui en manquent à ceux qui en ont le plus*** ».

Une étude réalisée en Allemagne par Margrit Kennedy, portant sur 25 millions de foyers allemands répartis en 10 classes selon leurs revenus, a démontré l'effet suivant : l'intérêt – celui que l'on retrouve partout y compris de manière cachée dans les achats qui incluent dans leurs prix la part d'intérêts qui a été nécessaire aux investissements et à la production du bien ou du service considéré – profite aux 10 % de la population la plus aisée. Il est neutre pour les 10 % de la classe immédiatement inférieure, et il est prélevé sur les 80 % restants de la population.

L'absurdité tragique de la situation a atteint des proportions épiques dans le monde entier. On pourrait simplement abandonner toutes les théories économiques complexes, la terminologie et les mathématiques pour l'explication suivante : le gouvernement a délégué aux banquiers privés sa responsabilité d'assurer la bonne et juste marche financière de la société. Plus grave, un parasite a été créé, un monstre qui n'est pas en totale liberté puisqu'il sert les desseins de certains puissants. Qu'est-ce qu'un parasite ? C'est un organisme qui se développe, se nourrit et est abrité par ou dans un autre organisme sans contribuer en quoi que ce soit à la survie de son hôte. Le parasite monétaire s'est attaché à l'organisme hôte, le complexe gouvernement-banque, tout en évitant ses mécanismes de défense habituels (débats législatifs, examen et débats publics, examens d'experts, etc.). À présent, examinons ce système sous l'angle d'une arme. Non pas l'arme des 10 % des classes les plus aisées dans chaque pays, mais l'arme d'une classe restreinte d'individus au sein d'un État. Et qualifions de « *guerre économique* » toute contrefaçon sponsorisée par l'État et utilisée pour saisir des actifs et contrôler un autre pays.

La guerre économique a la propriété traîtresse de l'invisibilité. Si la monnaie d'une nation est contrefaite sans détection ou que ses biens sont saisis et contrôlés par un procédé équivalent, elle ressemble à un moyen de faire une guerre invisible. « *Maintenant, imaginons que deux banques privées, A et B, soient en compétition pour soutirer l'énergie monétaire d'une économie donnée. Admettons que les propriétaires de A arrivent à inciter clandestinement les déposants de B à se ruer sur ses réserves, en faisant circuler des rumeurs de faillite, par exemple. B échoue et ses biens peuvent ensuite être contrôlés par A. Si on ne détecte rien, A paraît avoir réussi à mener une guerre économique contre B, en attaquant et en s'emparant de son territoire économique. Une telle attaque ne se limite pas nécessairement aux effondrements. B peut ne pas échouer complètement mais être affaiblie de manière importante à cause d'une diminution de ses réserves, due aux retraits. Le coup de levier économique de la banque A se voit encore augmenté de manière proportionnée. Dans un sens, l'argent de la banque B a été amoindri à cause d'une oscillation économique. Remplaçons « banques A, B » par « nations A, B » et « dépôts en banque » par « monnaies nationales » et nous obtenons le contexte théorique d'une guérilla économique mondiale. De plus, si les pertes sont compensées par les contribuables, elle devient essentiellement financée par l'État. Les renflouements peuvent ne pas arriver à traiter la maladie structurelle et peut-être même la masquer involontairement ou la promouvoir. L'analogie s'applique internationalement. Les nations ont des monnaies garanties par leurs fractions de réserves. Elles deviennent analogues aux banques individuelles dans une économie mondiale au sens large.*

Une nation peut donc saisir les biens d'une autre grâce à la manipulation monétaire », analyse Vladimir Nuri. Ainsi, les machinations monétaires à grande échelle, plus particulièrement pendant les situations de crise telles que les échanges de devises liés aux dévaluations monétaires étrangères par la Réserve Fédérale américaine, peuvent être considérées comme des faits de guerre économique mondiale, l'annexion invisible d'actifs étrangers. L'existence d'un programme de guerre économique organisée est attestée dans un document intitulé « *Silent Weapons for Quiet Wars* » (des armes silencieuses pour une guerre tranquille) qui se présente comme un manuel de formation pour la science des guerres silencieuses.

Le FMI et la guerre économique

Président du *Concil of Economic Advisers* sous l'administration Clinton, économiste en chef et vice-président de la Banque Mondiale, prix Nobel d'économie, Joseph E. Stiglitz, professeur d'économie et père de la théorie de l'information asymétrique, écrit en 2003 que « *le capitalisme perd la tête* ». On y lit que la première puissance mondiale propage activement une conception particulière du rôle de l'État dans l'économie, notamment par l'intermédiaire des institutions économiques internationales, l'OMC, le FMI et la Banque Mondiale. Or, « *La mondialisation n'a pas apporté les bienfaits promis. (…) La pauvreté a augmenté, parfois dans des proportions spectaculaires. Comment s'étonner du mécontentement en Amérique latine, où le taux de croissance des années 90, la décennie de la réforme de la mondialisation, a été inférieur de moitié, ou presque, à celui des années 50-60-70 ? L'écart entre possédants et déshérités s'est accru – tant entre les États-Unis et le monde en développement qu'entre les riches et les pauvres au sein des pays en développement. Même ceux qui ont amélioré leur situation matérielle se sentent plus vulnérables. (…) En Russie, le PIB a baissé de 40 % et la pauvreté multipliée par 10. (…) La mondialisation a aggravé les inégalités dans les sociétés pauvres. (…) Le FMI a oublié sa mission d'origine, et il se soucie apparemment davantage d'assurer aux créanciers étrangers le remboursement de leurs prêts que d'aider les pays pauvres à maintenir leur économie(...). Le Trésor américain s'est beaucoup dépensé pour réprimer les idées dissidentes, et, avec le droit de veto dont disposent les États-Unis (et eux seuls) au FMI, il a réussi à imposer sa volonté dans de nombreux domaines. Il n'y avait aucun esprit de multilatéralisme : les autres étaient amenés à faire, en douceur ou par la force, ce que voulait l'Amérique* ». Demandons à l'Argentine ce qu'elle en pense, hier, première de la classe, aujourd'hui en banqueroute. « *Nous acceptons la responsabilité d'avoir adopté des politiques qui nous étaient étrangères, qui nous ont amenés dans le pire des mondes* », ose dire le président de l'Argentine, Kirchner, à propos de la politique génocide du FMI envers son pays.

Stieglitz a mis en lumière le processus en quatre étapes par lequel un pays en voie de développement est impacté par l'arrivée du capital, aidé et soutenu par le FMI. Il a décrit ce processus comme « *suçant jusqu'à la dernière goutte de sang* », où le FMI et la Banque mondiale sont comparés à un docteur économique qui prescrit toujours une saignée par des sangsues. En un mot, le parasitage.

Le processus de système bancaire de fractions de réserves ressemble à un outil de parasitage monétaire utilisé par le FMI à l'échelle internationale. Cet internationalisme peut aboutir à une guerre économique. Si un pays ne rembourse pas, il est saigné par les ajustements structurels du FMI. Au passage, il est admis que l'ensemble des pays du tiers-monde a remboursé plusieurs fois le capital tout en étant toujours endetté à cause du rééchelonnement de l'intérêt.

Stiglitz accuse donc ouvertement le programme de prêt d'être une véritable tentative de subjugation économique qui diffère du colonialisme seulement en ce qu'il est économique plutôt que militaire. Il décrit le mode opératoire du FMI pour les pays en voie de développement par un double langage libéral :

La privatisation : les industries d'état sont vendues après que des commissions aient été versées aux hommes politiques du pays.

La libéralisation du marché: Stiglitz l'appelle le cycle des « *capitaux fébriles* ». L'argent apparaît pour l'immobilier et la spéculation sur les devises, puis s'envole dès le premier souffle de danger. Les réserves nationales qui garantissent la monnaie sont drainées, parfois en quelques jours. Le FMI exige des nations qu'elles augmentent les taux d'intérêt jusqu'à des fourchettes de 30 à 80 %.

La tarification en fonction du marché: le FMI exige que les pays augmentent leurs prix sur les denrées de consommation courante, l'eau et le gaz, ce qui entraîne un coût disproportionné pour les démunis.

Les troubles sociaux: aussi connus sous le nom « *d'émeutes FMI* ». Alors que le FMI suce les dernières gouttes de sang, les subventions restantes pour la population défavorisée sont éliminées faisant monter la vapeur jusqu'à ce que le chaudron social explose (émeutes indonésiennes, 1998 ; Bolivie, 2000 ; Équateur, 2001).

Le libre-échange : il est établi selon les règles de l'Organisation Mondiale du Commerce et de la Banque mondiale. Les obstacles au commerce sont levés de force et des barrages financiers sont érigés en échange.

La scène des émeutes se reproduisant systématiquement, remarque Stiglitz, la preuve du lien entre parasitage monétaire, violence et destruction, est évidente. Dans une guerre déclarée, les armées s'engagent dans des confrontations voyantes sur un champ de bataille. Dans une guerre économique, une émeute peut être vue comme le symptôme d'une invasion invisible ou une réaction à celle-ci.

Un Krach monétaire se profile à l'horizon

Le vendredi 9 juin 2006, le *Figaro Économie* titre : *« Journée noire pour les bourses mondiales »*. En moins d'un mois les indices européens ont perdu la totalité des gains accumulés depuis le début de l'année. Les autres places financières sont tout aussi mal en point. Hausse des prix de l'énergie, hausse des taux directeurs des banques centrales, début d'inflation, éclatement de la bulle immobilière américaine, tout ceci vient expliquer la dégringolade boursière qui sera, nous rassure-t-on, de courte durée. Mais cette chute, effectivement de courte durée, ne cache-t-elle rien d'autre de beaucoup plus profond ?

Parmi les nombreux observateurs de la finance et de l'économie qui annoncent des lendemains qui déchantent figure le LEAP, le Laboratoire d'Étude et d'Anticipation Politique Europe 2020 dirigé par Franck Biancheri. Au mois de mars 2006, le LEAP/E2020 publie un article choc où il estime à plus de 80 % la probabilité que la fin du mois voit se déclencher la principale crise politique mondiale depuis la chute du Rideau de Fer en 1989, accompagnée d'une crise économique et financière d'une ampleur comparable à celle de 1929. Cette période doit marquer le point d'inflexion d'évolutions critiques, entraînant une accélération de tous les facteurs conduisant à une crise majeure, même sans intervention militaire américaine ou israélienne contre l'Iran. L'annonce de cet événement résulte de l'analyse de décisions prises par les deux

acteurs clés de la crise internationale principale actuelle que sont les États-Unis et l'Iran :
– Il s'agit d'une part de la décision iranienne d'ouvrir à Téhéran le 20 mars 2006 la première bourse pétrolière en Euros, ouverte à tous les producteurs de pétrole de la région ;
– et d'autre part, de la décision de la Réserve Fédérale américaine d'arrêter à partir du 23 mars 2006 de publier les chiffres du M3 (l'indicateur le plus fiable sur la quantité de dollars circulant dans le monde).

Ces deux décisions constituent, d'après le LEAP, à la fois les indices, les causes et les conséquences de la transition historique en cours entre l'ordre créé après la 2ème Guerre Mondiale et le nouvel état d'équilibre international en gestation depuis l'effondrement de l'URSS. Leur magnitude comme leur simultanéité doivent agir comme un phénomène catalyseur de toutes les tensions, faiblesses et déséquilibres accumulés depuis plus d'une décennie dans le système international. Les chercheurs et analystes de LEAP/E2020 ont ainsi identifié 7 crises convergentes :
1. Crise de confiance dans le Dollar.
2. Crise des déséquilibres financiers américains.
3. Crise pétrolière.
4. Crise du leadership américain.
5. Crise du monde arabo-musulman.
6. Crise de la gouvernance mondiale.
7. Crise de la gouvernance européenne.

La crise systémique globale se développe selon un processus complexe qu'on peut découper en quatre phases qui peuvent se chevaucher :
– **une première phase dite « de déclenchement »** qui voit soudain toute une série de facteurs, jusqu'alors disjoints,

converger et se mettre à interagir et qui reste essentiellement perceptible pour les observateurs attentifs et les acteurs principaux,
– **une deuxième phase dite « d'accélération »** qui est caractérisée par la prise de conscience brutale par la grande majorité des acteurs et observateurs que la crise est bien là car elle commence à affecter un nombre rapidement croissant de composantes du système,
– **une troisième phase dite « d'impact »** qui est constituée par la transformation radicale du système lui-même (implosion et/ou explosion) sous l'effet des facteurs cumulés, et qui affecte simultanément l'intégralité du système.
– **et enfin, une quatrième phase dite de « décantation »** qui voit se dégager les caractéristiques du nouveau système issu de la crise.

LEAP/E2020 considère désormais que la phase initiale, de déclenchement, est en train de se terminer et que le monde entre dans la phase d'accélération de la crise. Effectivement, en moins de trois mois, tout un tas de « certitudes » sur l'avenir se sont trouvées bouleversées (domination « inéluctable » du Dollar, « retour » à un pétrole bon marché, solution pacifique du conflit Iran/USA, durabilité de la « bulle immobilière » américaine, « domination » des États-Unis sur les autres acteurs mondiaux clés que sont la Chine et la Russie… et un grand nombre d'indicateurs pointent désormais dans des directions convergentes et déséquilibrantes pour le système actuel (montée vertigineuse du prix de l'or et des métaux précieux, montée des pressions inflationnistes, remontée des taux d'intérêts, approche de la barre de l'Euro à 1,30$, transformation en Euros d'un montant croissant de réserves des banques centrales, montées des monnaies asiatiques, crises boursières et monétaires dans plusieurs régions du monde.

Le processus d'entrée dans la phase d'accélération est donc constitué par la chute brutale et durable des indices des bourses mondiales, dont LEAP/E2020 avait déjà souligné qu'il avait commencé dès le mois de mars avec le krach des bourses du Golfe arabique. Une crise systémique affectant un système aussi complexe et vaste que la société globalisée de ce début de XXIème siècle procède par « vagues », de manière non linéaire. Ainsi elle affecte certaines parties du système avant d'autres, tout en paraissant soudain renverser son impact sur d'autres composantes alors que ce sont simplement des transitions, pendant lesquels le système atteint un nouveau seuil de déséquilibre, préalable à un nouvel impact encore plus brutal. (Source www.europe2020.org)

Je conclurai ici, sans m'en prendre à chacun des rouages de la machine économique internationale car il y faudrait des pages et des pages. Quoi qu'il advienne, le système connaîtra la fin qu'il mérite. Et si le peuple furieux descend dans la rue pour prendre d'assaut l'Élysée et Matignon comme d'autres avant eux ont pris la Bastille, les gouvernants n'auront aussi que ce qu'ils méritent, car, d'une part, les signaux de mauvaise santé structurelle clignotent au rouge depuis des années ; et d'autre part, des solutions alternatives au modèle économique dominant, que ce soit sur le plan théorique ou pratique, existent, contrairement à ce que l'on nous serine. Elles forment un vivier d'une richesse extraordinaire et pourraient préfigurer un avenir moins inégal et moins convulsif, si seulement nous acceptions de retirer nos œillères pour oser envisager d'autres « possibles ».

Notes :

1. La décroissance devrait être organisée non seulement pour préserver l'environnement mais aussi pour restaurer au moins le minimum de justice sociale sans lequel la planète est condamnée à l'explosion. Survie sociale et survie biologique paraissent ainsi étroitement liées. Les limites du patrimoine naturel ne posent pas seulement un problème d'équité intergénérationnelle dans le partage des parts disponibles, mais un problème de juste répartition entre les membres actuellement vivants de l'humanité. Mais les possédants et les oligarchies au pouvoir n'accepteront pas cette révolution, certains lui préféreront la guerre comme outil de redressement et de relance, la solution évidente pour le grand capital étant celle du cycle de destruction-reconstruction, c'est ainsi que fonctionne l'économie pour le bonheur de quelques-uns.

2. Jean-Marc Jancovici dans *Le plein, SVP*, nous apprend avec son humour au vitriol que l'obésité contribue à l'augmentation du PIB américain, loin devant son pendant français, pays où l'espérance de vie est pourtant supérieure de 4 ans à celle existant aux États-Unis.

3. le principe multiplicateur de crédit :

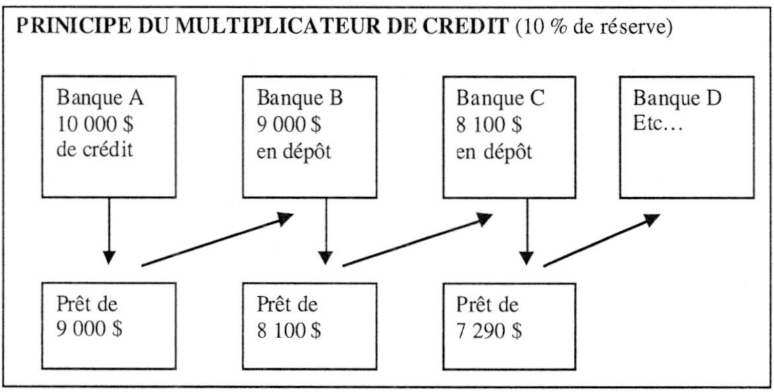

6.

La Chine bouffe la planète. Que font les autruches ?

Pendant des dizaines d'années, face à la montée de la productivité des pays en voie de développement et du déclin de nos industries textiles, charbon, aciéries, etc. on nous a promis que notre avenir résidait dans la création d'une forte valeur ajoutée technologique, dont les fruits exemplaires sont l'Airbus, le TGV, Ariane... Aujourd'hui, la Chine envoie des hommes dans l'espace, ce que l'Europe n'est pas capable de faire, convoie les pièces d'Airbus, renie nos centrales nucléaires qui conservent des « secrets technologiques ». Elle achète certains de nos produits les plus sophistiqués à la condition qu'on lui fournisse simultanément les usines, les compétences, la technologie. Ensuite “bye, bye”. Lorsque dans dix ans l'empire du Milieu fabriquera des Airbus à coûts réduits et enverra un kilo en orbite pour dix fois moins cher qu'avec un lanceur Ariane, quel secteur d'emploi restera-t-il à offrir en France excepté le tourisme ?

Sur son site jp-petit.com, le physicien Jean-Pierre Petit a constitué un intéressant dossier sur la Chine. Pour l'anecdote, il rapporte une interview de Daniel Cohn-Bendit, député écologiste, ayant eu lieu sur France 2 en 2005. La chaîne était allée enquêter en Pologne, dans une entreprise française délocalisée en 1997. Son jeune PDG racontait que lorsque la production de fil et de draps de lin était devenue trop peu rentable en France il avait déplacé son entreprise en Pologne, en engageant 400 ouvriers et ouvrières. Il avait apporté ses capitaux, ses machines, et était reparti avec des charges salariales six fois moindres. Son entreprise avait pu devenir la troisième productrice de lin. Mais voilà que les Chinois, se mêlant de la partie, cassaient les prix. Avec des salaires moitié de ceux des Polonais, ils vendaient à prix coûtant, et peut-être à perte pour s'emparer du marché à l'échelle internationale. « *Normal*, dit le PDG, *ce pays vit sous une dictature* ». Les ouvrières polonaises montraient leur amertume : « *Nous, on avait voté pour l'Europe, pour la constitution, en pensant qu'on serait protégées...* ». La réponse de Cohn-Bendit cingla : « *Il faut savoir ce qu'on veut ! Les Chinois, on leur vend 80 Airbus et 120 TGV !* ». Ah oui, et jusqu'à quand Monsieur le député ? Dans 10 ans, nous n'aurons plus rien à leur apprendre ni à leur vendre. Nous sommes à mille lieux d'imaginer la qualité des enseignements en Chine. Les Français, fiers de leurs « grandes écoles » imaginent que les universités chinoises rampent au niveau des universités des dictatures bananières. Quelle erreur ! La Chine a su allier la qualité et l'efficacité, en donnant priorité aux filières techniques. « *Les jeunes Chinois se ruent sur leurs études au moment où dans nos pays les jeunes réalisent « que les diplômes ne servent plus à rien », où nos chefs d'entreprises se disent que s'ils produisent des richesses dans leur propre pays, l'État leur en prendra la plus grande part pour payer la masse grandissante de ses chômeurs. Les jeunes Chinois se forment, pied au plancher, alors que notre jeunesse se démobilise, à juste titre puisque « nous délocalisons »* », écrit Petit. Nos hommes politiques français nous vendent du vent : personne n'ose aborder le vrai sujet « Chine » ou « Inde ». Eh oui, ça fait mal. L'onde de choc frappe aussi les pays moins riches : au Maghreb, les secteurs qui « cessent d'être concurrentiels » trinquent. En France, on se retrouve dans la rue, mais avec le RMI et la Sécu. Là-bas, on retourne au village...

Mais, en Chine, dans quelles conditions de travail sont fabriqués les jouets et les babioles qui inondent la planète ? Pas de syndicats pour les ouvrières, pas de lois sociales, pas de cotisations pour les retraites, pas de sécurité sociale, pas de protection contre les produits toxiques. Des cadences infernales : dix heures quotidiennes, voire dix-huit heures à l'approche des fêtes, six jours par semaine. Les ouvrières dorment sur place, dans des dortoirs, mangent à la cantine des plats chers pour un salaire misérable. La surveillance est de type militaire avec un système d'amendes très violent informe le magazine *Alternatives économiques* : Fumer ? 6 euros ; Parler ? 4 euros ; Aller aux toilettes sans permission ? etc., etc. (Cette aliénation en cache une autre, celle de nos enfants-rois qui croulent sous les peluches *made in China* et sont conditionnés dès leur naissance à la boulimie de cadeaux et de gadgets.) Alors, quand les politiques nous assènent avec le plus grand sérieux qu'il faut être compétitif avec la Chine, cela signifie ni plus ni moins que **de rétablir l'esclavage en Occident**. Si vous avez une autre solution, dites-la nous !

Pour juger de l'intransigeance de la Chine moderne, il suffit de jeter un œil sur la condition de la province du Tibet. Les Han ont commis un lot d'atrocités qui perdure devant la face du monde, et, malgré les appels du Dalaï-lama réfugié en Inde et des ONG, l'attrait du commerce avec le géant clôt les yeux des pays occidentaux. Dresser la liste des atteintes aux « droits de l'homme » commis par les Chinois sur ce territoire nécessiterait un chapitre. Sachez que les moines ont été torturés, humiliés, tués, les monastères rasés, les forêts nourricières éradiquées afin de couper le peuple de ses moyens de subsistance. L'usage de la langue tibétaine a été interdit, la culture confisquée, des trains entiers de Hans sont venus coloniser l'immense province du Tibet, grande comme quatre fois la France, à ce point qu'aujourd'hui un habitant sur quatre seulement à Lhassa est d'origine tibétaine. Camps de concentration, camps de travail, annihilation d'une race et de l'ensemble de son identité, un ethnocide doublé d'un génocide, quasiment comparable à ce qu'à réalisé Hitler avec le peuple juif. L'Himalaya remplace les barbelés des camps, et les militaires n'hésitent pas à dégommer au fusil les malheureux qui tentent de s'échapper. La Chine moderne est une pépinière de profils « durs et agressifs », elle promeut la sélection des plus forts par un eugénisme éducatif effrayant, avec en arrière plan l'avidité et le besoin de revanche d'un peuple autrefois dominant qui réclame la réattribution de sa primauté.

La Chine s'est éveillée, le monde peut trembler.

Chine et géostratégie mondiale

Suit un panorama sérieux et un peu rébarbatif sur ce que tout cela risque de donner sur la scène de notre petite planète globalisée. C'est important à lire pour introduire le chapitre suivant qui portera notre regard vers les risques de guerre et les bruits de bottes qui s'amplifient dans le monde, pour surtout en comprendre la mécanique sous jacente pendant que les médias nous captivent avec le foot, les jeux du cirque, et passent à côté de l'essentiel. C'est à se demander s'ils le font exprès où s'il s'agit de pure incompétence. Un peu des deux, m'est avis...

L'ambition

La Chine va-t-elle devenir la puissance dominante de l'Asie et du Monde ? Le professeur Ludovic Woets, consultant en défense, en géostratégie et intelligence stratégique auprès du ministère français de la défense dit que : « *Le Chinois craint le vide. Le vide et le chaos. Le vide car entraînant le chaos. Le chaos car étant toujours accompagné pour la Chine de grands malheurs. Le comportement de la population chinoise n'est donc prévisible que dans les circonstances où le pouvoir est fort. En très large partie, l'avenir de la Chine dépendra du degré de cohésion de l'État. (...)*

L'important n'est pas le contrôle économique, mais le contrôle politique et moral. (...)

La Chine estime avoir souffert de l'Occident (la Chine reste aujourd'hui un pays blessé dans son orgueil), et ne veut pas se voir imposer un modèle occidental, y compris au sein des relations internationales. Pour les Chinois, la situation actuelle n'est qu'un incident de l'histoire (à son apogée en l'an 88 de notre ère, la Chine contrôlait l'un des plus vastes empires que le monde ait connu). La Chine parviendra à corriger cette situation et à retrouver sa centralité.

(...)

La Chine entend bien profiter de la situation stratégique mondiale pour renforcer ses propres positions, notamment afin d'assurer l'accès aux régions pétrolifères de l'Asie centrale. Pour Valérie Niquet : « les stratèges chinois semblent ainsi raisonner, au risque de tous les dérapages, en terme d'urgence et d'occasions à saisir ».

(...)

Le renforcement national auquel nous assistons en Asie pourrait nous conduire à l'apparition de guerres. Le développement de leurs composants nationaux, de leurs structurations nationales dans le temps et dans l'espace, peut tout autant aboutir à un développement harmonieux, ou aboutir à l'image de l'Europe au XIXème et XXème siècle, à des conflits violents. Nous devrions assister à terme à des conflits indirects en Asie, où nombre de pays (Inde et Chine notamment) ont des intérêts fortement concurrents. (...)

La croissance a fragilisé l'unité du pays. La Chine de l'intérieur est aujourd'hui à l'écart de l'expansion économique. La Chine fonctionne donc aujourd'hui à plusieurs vitesses, fragilisation qui s'ajoute à la fracture entre les classes urbaines et les masses paysannes rurales, toujours démunies. Il convient d'ajouter à tout cela des incertitudes quant aux dissidences du Tibet et du Xinjiang.

(...)

La Chine se tourne aujourd'hui vers la mer. Elle a obtenu durant la dernière décennie du XXème siècle un accès permanent sur la mer du Japon (Pacifique nord) et un accès à l'Océan Indien par la Birmanie. La Chine revendique une marine de haute mer, reprenant un concept ancien : la puissance mondiale ou la déchéance. (...) la mer de Chine est définie comme « sheng kong jian », c'est-à-dire « notre espace vital ».

Les États-Unis sont aujourd'hui la seule puissance globale maritime. Et elle entend bien le rester, comme rester la puissance centrale du monde. Or, aujourd'hui, la Chine vise à détrôner les États-Unis de cette centralité, afin de retrouver la sienne, millénaire, historique, l'empire du milieu. (...)

La Chine connaît actuellement une croissance économique exceptionnelle engendrant des turbulences internes. Elle doit gérer cette nouvelle richesse et maintenir sa croissance tout en réduisant la pauvreté et les inégalités qui deviendraient, si rien n'était fait, des sources de déstabilisation.

Le pays est confronté à plusieurs problèmes majeurs, parmi ceux-ci : l'alimentation de sa population. L'empire doit nourrir 21 % de la population mondiale avec 7 % des terres cultivables dans le monde. De plus, cette population, d'ici 2030, devrait encore augmenter, de l'ordre de 350 millions d'habitants, alors même que la surface agricole cultivée diminue. À cette date, la Chine devra nourrir 1,6 milliard de *ren-kou* : « bouches à nourrir ». La difficile gestion de l'alimentation passe par la tout aussi difficile question de l'eau. La culture du riz est très gourmande en eau – il faut 4 500 litres d'eau pour produire 1 kg de riz – et toutes les dynasties qui se sont succédé ont eu à cœur de garantir aux campagnes un vaste système d'irrigation centralisé. De nos jours, le problème est devenu presque insoluble. La Chine ne reçoit que 7 % des précipitations pour 21 % de la population mondiale et ses besoins liés à l'industrialisation sont en augmentation rapide. Un tiers de son territoire est aride ou semi-aride et plus d'un quart en cours de désertification. L'eau est donc devenue un enjeu majeur. C'est d'autant plus vrai que les ressources mondiales seront, au cours des prochaines années, à l'origine de tractations et de tensions internationales au moins aussi exacerbées que celles dues au pétrole, les besoins de la planète devraient atteindre 7000 milliards de mètres cubes par an en 2015, soit deux fois et demi la consommation de 1980. La Chine qui compte plus de 20000 usines chimiques, voit ses eaux se polluer dramatiquement. Le dernier accident en date, la décharge de 100 tonnes de benzène toxique dans un affluent de l'Amour le 13 novembre 2005, n'est qu'un parmi tant d'autres moins spectaculaires. Six catastrophes de même nature ont été dénombrées en seulement quatre mois, dont une pollution au cadmium qui a touché les rizières dans le Guangdong et menacé la distribution d'eau au nord de Canton. Près des grandes villes, 50 % des nappes phréatiques sont gravement polluées, l'eau du robinet est imbuvable. 300 millions de chinois boivent de l'eau impropre, sévèrement contaminée. Or l'objectif de croissance à tout prix reste prioritaire. Le numéro deux chinois Wen Jiabao a déclaré le 16 mars 2006, à propos du débat sur la croissance, qu' « *il faut pousser en avant sans faiblir (...) De nouvelles difficultés surgiront, mais nous ne pouvons pas nous arrêter en chemin* ».

La Chine se transforme rapidement en l'un des plus grands importateurs mondiaux de pétrole et de gaz. Le rapport *World Energy Outlook 2004* de l'Agence internationale de l'Énergie prévoit qu'entre maintenant et 2030, la demande énergétique mondiale augmentera d'environ 60 %, la Chine et l'Inde représentant quasiment les deux tiers de cet accroissement.

Le rapport de l'économiste chinois Wang Jian, membre de la Société de macroéconomie de Chine, est explicite sur ce sujet et trouve une solution qui est à méditer :

« *Si l'on considère qu'en 2030 la Chine comptera 1,6 milliard d'individus (...), elle utilisera chaque année plus de*

300 millions de tonnes d'acier et sa consommation en minerai de fer dépassera les 600 millions de tonnes, soit davantage que les quantités disponibles actuellement sur le marché mondial.

La situation est encore plus grave en ce qui concerne le pétrole et les céréales (...). La consommation de pétrole par habitant dépasse 1 tonne dans les pays industrialisés. Si la Chine, avec son 1,6 milliard d'habitants, rejoignait leurs rangs, il lui faudrait donc 1,6 milliard de tonnes de pétrole, mais elle ne peut espérer produire elle-même au mieux que 200 millions de tonnes, en raison de ressources limitées. Autrement dit, il lui faudra importer 1,4 milliard de tonnes de pétrole, soit plus de 60 % des ressources disponibles. Pour les autres pays, il restera à peine 900 millions de tonnes, alors qu'aujourd'hui les importations pétrolières des États-Unis, du Japon et des pays européens dépassent déjà les 1,2 milliard de tonnes. La Chine pourra-t-elle vraiment obtenir de quoi satisfaire ses besoins ? (...)

Aussi la Chine doit-elle d'ores et déjà élaborer une parade aux possibles soubresauts qui risquent de secouer l'économie mondiale.

Le développement pacifique du monde a un avenir limité. (...)

Le développement pacifique du monde n'a donc peut-être que cinq ans devant lui.

C'est pourquoi nous ne pouvons pas considérer que (...) une fois les ajustements économiques effectués il sera encore possible de se développer dans un environnement mondial paisible et de se procurer pacifiquement comme auparavant les matières premières nécessaires sur le marché mondial ».

Se procurer pacifiquement les matières premières n'étant, à

terme, plus possible selon les experts chinois, le pays entreprend de s'armer à toute allure. Il s'y attelle avec l'aide de la Russie (Note 1 et 2) à la construction de sous marins nucléaires d'attaque et lanceurs d'engins de type Han, 093 et 094, ainsi que de formidables sous-marins classiques Song et Yuan, de quatre porte-avions et de nombreux navires d'accompagnement. « *Il est notoire que la Chine développe en qualité et en quantité son arsenal nucléaire stratégique* » affirme l'amiral Marcel Duval dans la revue *Défense Nationale*. Leur fusée Longue-Marche a été d'emblée dimensionnée pour disposer d'une portée de 12000 kilomètres, soi-disant pour envisager une reprise de la conquête lunaire. En fait c'est très exactement la distance qui sépare la Chine des États-Unis. Les moyens de projection des forces aériennes, navales et de missiles de l'armée populaire de libération chinoise au-dessus de Taiwan (Note 3) se sont rapidement accrus au cours des dix dernières années. Cet effort a été réalisé à la fois sur la base d'un accroissement du budget de la défense (12 à 13 % d'augmentation par an depuis 1989, 14 % pour 2006-2007), d'une modernisation soutenue des équipements et de l'acquisition auprès de la Russie, et dans une moindre mesure d'Israël, de systèmes de défense modernes : avions de combat Su-27 et Su-30, sous marin Kilo, destroyers Sovreminny équipés de missiles supersoniques Sunburn, batteries de défense antiaériennes, etc. L'armée peut compter sur 7200 chars, 4560 blindés d'autres types, 3400 avions, 480 hélicoptères et 70 sous-marins. Cet effort a été facilité, c'est un euphémisme, par des dépenses militaires réelles que les experts estiment à trois fois plus importantes que le budget officiel, c'est-à-dire à 100 milliards de dollars en 2005. En passe d'inverser l'équilibre bilatéral des forces dans le détroit de Formose au début de la prochaine décennie, l'armée populaire a, depuis la crise des missiles qu'elle y a déclenchée en 1995-1996, incité les États-Unis et le Japon a resserrer leurs liens stratégiques. Cette course à l'armement inquiète également les autres voisins de la Chine, au premier chef les pays de l'ANSEA et la Corée du sud.

En 2003, le ministre de la défense chinois, Chi Haotian, et vice-président de la commission militaire centrale, a publié un discours choc sous le titre « *La guerre est proche* ». Dans son discours, ce fonctionnaire de très haut rang soutenait calmement la probable nécessité d'une guerre nucléaire qui détruirait le Japon et paralyserait les États-Unis. Voici quelques extraits de ce discours : « *La Chine a besoin d'importer du pétrole pour son développement économique et d'importer des matières premières telles que le bois de construction afin de protéger son environnement de la déforestation. Ceci est très raisonnable. Cependant, les grandes puissances ont leurs propres raisons et un pays tel que la Chine aura besoin de consommer 100 millions de tonnes de pétrole en 2010 et 200 millions de tonnes en 2020. Les grandes puissances toléreront-elles cela ? La source de la plupart des guerres au cours de l'histoire a été la lutte pour les ressources vitales de base, y compris les terres et les mers. Le sujet du conflit va changer dans l'ère de l'information actuelle, mais sa nature restera la même. (...) La Chine a besoin d'être prête pour la guerre. (...) Les vingt ans de politique de développement pacifique touchent à leur fin. L'environnement international a subi un changement fondamental : les grandes puissances ont déjà planifié, une fois de plus, d'arrêter le progrès de la Chine vers la modernisation. (...) Les États-Unis et le Japon sont déterminés à priver la Chine de son droit au développement. (...) Nous devons donc considérer une guerre des détroits de Taiwan comme une bataille stratégique décisive. (Si cela arrive) nous allons devoir détruire totalement le Japon et mettre les États-Unis hors de combat, et ceci ne peut être obtenu que par une guerre nucléaire.* » La menace est explicite.

La confrontation du XXIème siècle : États-Unis *versus* Chine

Un rapport de 2005 du National Intelligence Council, publié sur le site internet de la CIA et intitulé « *Pouvoirs émergents : le changement du paysage géopolitique* » (Rising Powers : The Changing Geopolitical Landscape www.cia.gov/nic) conforte l'idée que l'on se forge à travers la littérature spécialisée internationale, à savoir l'inquiétude grandissante du pouvoir américain face à la montée en puissance de l'Inde et, surtout, la Chine. Il est cependant vain de penser qu'à la suite des analyses présentées on distinguera les orientations stratégiques claires qu'adopteront les États-Unis dans les prochaines années. Au contraire, on peut imaginer que l'inclusion de certaines locutions est destinée à brouiller les cartes. Mais ceci ne porte que sur l'aspect « conduite à tenir » de la part des États-Unis et non sur celui de l'évocation des faits, sans appel, et des prévisions dont les extraits saillants sont retraduits ci-après :

« L'émergence de la Chine et de l'Inde comme nouveaux acteurs majeurs de la scène planétaire – similaire à la montée en puissance de l'Allemagne au XIXème siècle et des États-Unis au début du XXème siècle – va transformer le paysage géopolitique, avec des impacts potentiellement aussi dramatiques que ceux des deux derniers siècles. De la même façon que le XXème siècle a été qualifié de « siècle américain », le début du XXIème siècle peut être perçu comme celui de l'émergence de nations en développement, la Chine et l'Inde en tête.

La population de la région qui fut un des lieux majeurs de l'histoire du XXème siècle – l'Europe et la Russie – va décliner en termes relatifs ; presque toute la population naissante proviendra de nations en voie de développement qui jusqu'à récemment, occupaient une place marginale au niveau de l'économie globale.

Les pouvoirs émergents – Chine, Inde et peut-être d'autres tels que le Brésil ou l'Indonésie – pourraient introduire un nouveau type d'alignement international, potentiellement capable de marquer une cassure définitive avec les institutions et les pratiques que l'on a connues depuis la seconde guerre mondiale.

Seule une inversion abrupte du processus de globalisation ou un bouleversement majeur dans ces pays pourrait remettre en question leur émergence. Mais comment des pays comme la Chine et l'Inde vont-ils gérer leur montée en puissance, en privilégiant la coopération ou la compétition vis-à-vis des autres acteurs majeurs, demeure un facteur clé d'une grande incertitude.

(...)

À cause de l'énorme taille des populations de la Chine et de l'Inde – dont la projection en 2020 effectuée par le US Census Bureau donne respectivement 1,4 milliard et 1,3 milliard – le niveau de vie asiatique n'a pas besoin de rejoindre le niveau occidental pour constituer un pouvoir économique important.

La Chine par exemple est devenue le troisième fournisseur de produits manufacturés, sa part étant passée de 4 % à 12 % dans les dix dernières années. (...)

Bien que l'Inde soit économiquement en retard sur la Chine, la plupart des spécialistes croient qu'elle va aussi soutenir une croissance accrue.

(...)

C'est l'augmentation de la demande en énergie qui va déterminer en premier lieu les changements à venir dans le paysage géopolitique. À travers leur besoin de sécuriser leur accès à l'énergie, la Chine et l'Inde vont passer de puissances régionales au statut de puissances mondiales.

(...)

La Chine va continuer de renforcer sa force militaire, en acquérant et en développant des armes modernes, incluant des avions de combat basés sur des technologies avancées, des sous-marins sophistiqués, et en augmentant le nombre de missiles balistiques. Le Chine va doubler la Russie et les autres pour devenir le second pays en terme de dépenses militaires après les États-Unis dans les deux prochaines décades, en devenant ainsi une puissance militaire de premier plan.

Pourtant, des déboires économiques ou une crise de confiance pourrait ralentir la progression chinoise. L'incapacité de Pékin à maintenir son taux de croissance pourrait avoir un impact global.

Une faillite du gouvernement chinois à satisfaire les besoins de sa population en terme d'emploi pourrait alimenter un sentiment de frustration politique.

Pour faire face au vieillissement rapide de sa population, la Chine doit être prête à affronter une série de sérieux problèmes sociaux et démographiques. Il est improbable qu'elle réussisse à copier les mécanismes – comme les systèmes de sécurité sociale et les systèmes de retraites – caractéristiques des sociétés occidentales.

Si l'économie chinoise prend un mauvais tour, la sécurité de la région s'en ressentira, il en résultera une instabilité politique, de la criminalité, du trafic de drogue, des migrations illégales.

L'émergence de l'Inde présentera également des complications stratégiques dans la région. Comme la Chine, l'Inde sera un attracteur économique pour la région, et son développement aura un impact non seulement sur l'Asie, mais aussi sur l'Asie centrale, l'Iran et d'autres pays du Moyen-Orient. L'Inde cherche à renforcer la coopération régionale à la fois pour des raisons stratégiques et pour accroître son influence auprès de l'Ouest, auprès d'organisations comme l'Organisation Mondiale du Commerce.

(...)

Comme la Chine, l'Inde sera amenée à expérimenter la volatilité économique et politique face à la pression s'intensifiant sur les ressources – terre, eau, énergie. Par exemple, l'Inde devra faire des choix draconiens pour résoudre le problème réunissant l'accroissement de la population d'un côté et l'augmentation de la pollution des sols et des eaux de l'autre côté. (...)

En 2003, la RAND Corporation a identifié 8 risques majeurs pour la croissance économique de la Chine dans la prochaine décade :

Fragilité du système financier et des entreprises d'État.
Effets économiques de la corruption.
Problèmes de ressources d'eau et de pollution.
Possibilité d'un retrait des investissements étrangers.
Expansion du Sida et des épidémies.
Chômage, pauvreté, frustration sociale.
Consommation d'énergie et montée des prix.
Taiwan et autres conflits potentiels.

L'étude confirme que la probabilité qu'aucun de ces développements ne voie le jour avant 2015 est faible, et note qu'ils arriveront probablement par paquets plutôt qu'individuellement, un stress économico-financier entraînant par exemple une augmentation de la corruption, de la pauvreté, du chômage, et la diminution de l'investissement en provenance de l'étranger.

(...)

Les experts s'accordent à dire que le risque de conflits inter-états demeure plus élevé en Asie que dans les autres régions. Selon eux, la péninsule Coréenne et Taiwan vont probablement connaître des crises d'ici à 2020 avec des risques de débordement et de globalisation des conflits. Dans le même temps, la violence dans les États d'Asie du sud-est pourrait s'intensifier, sous la forme d'insurrections séparatistes ou de terrorisme. La Chine pourrait également avoir à faire face à des mouvements séparatistes le long de ses frontières de l'ouest.

Les rôles et les interactions entre les principales régions de pouvoir, la Chine, les États-Unis et le Japon, vont subir des changements significatifs d'ici à 2020. Les États-Unis et la Chine ont de fortes incitations à éviter la confrontation, mais la montée du nationalisme en Chine et de la peur de la Chine aux États-Unis pourrait alimenter la montée d'un antagonisme. Quant aux relations entre le Japon et les deux superpuissances chinoise et américaine, elles seront dessinées par la Chine et par la nature des conflits dans la péninsule Coréenne et autour de Taiwan.

(...)

La Chine est un cas à part, où la transition vers une population âgée – 400 millions de Chinois auront plus de 65 ans en

2020 – est particulièrement abrupte et l'émergence d'un sérieux déséquilibre démographique entre les sexes pourrait avoir des répercussions sociales, politiques, voire internationales. Un système de retraite inexistant signifie que les Chinois auront à continuer de travailler durant leur vieillesse. (...) »

Le rapport du NIC-CIA se clôture par une courte fiction qui dépeint le monde en 2020. Dans le scénario – assez idyllique du point de vue des auteurs puisque les États-Unis, abattus le 11 septembre 2001, « se sont relevés tels un phénix » – on explique que cette « Pax Americana » a été rendue possible par un rapprochement sans précédent avec l'Europe. Suite à un terrible attentat terroriste en 2010 en Europe, cette dernière aurait soudainement changé d'attitude et adopté la ligne politique américaine sur le sujet qui est clairement annoncée comme « la meilleure appréciation du terrorisme catastrophe ». Donc, face à l'émergence de la Chine et du nationalisme chinois, les États-Unis retrouveraient leur allié naturel, celui que la « guerre des civilisations » classe dans le même camp : l'Europe. Mais pas une « vieille Europe », par tradition rebelle à l'hégémonisme américain, une « nouvelle Europe » tellement choquée par les attentats commis en son sein qu'elle aurait basculé à corps perdu dans l'idéologie sécuritaire américaine. À la lumière des attentats du 11 septembre, il n'est qu'un pas pour imaginer un super-attentat catastrophique au centre de l'Europe de l'ouest, un nouveau « Pearl Harbour européen » qui arrangerait bien Washington.

Tous les analystes sont donc unanimes, la montée en puissance de la Chine est l'évènement crucial qui structure aujourd'hui la géostratégie américaine. « *Un nuage s'épaissit dans l'horizon de la suprématie mondiale américaine* », confirme Aymeric Chauprade, professeur de géopolitique à l'école de guerre et à la Sorbonne. « *L'émergence économique de la Chine, à un rythme soutenu, menace de remettre en question, à l'horizon 2015, la domination américaine dans la région Asie-Pacifique et, par voie de conséquence, dans le monde entier. En supposant seulement que la moitié de sa population (environ 700 millions de personnes) arrive à un niveau de développement équivalent à celui des pays occidentaux (ce qui est possible dans un temps historique très rapide, si l'on s'appuie sur l'exemple sud-coréen), le marché intérieur chinois sera alors comparable à la réunion des marchés de l'ALENA (association de libre-échange nord américaine) et de l'union européenne élargie à vingt-sept pays. Ajoutons à cela le formidable levier de puissance que représente l'économie des Chinois de l'extérieur (en Indonésie ou à Singapour, par exemple) dans le cadre d'une indépendance idéologique et stratégique de la Chine continentale préservée, et les États-Unis auront face à eux le seul grand rival économique non asservi politiquement. L'analyse de la littérature stratégique américaine postérieure à la chute de l'URSS, autant que les déclarations des dirigeants, montre que le défi chinois est la priorité de la pensée géopolitique américaine. (...) Face à l'URSS, l'Amérique avait une stratégie globale. Mais que sait-on de la stratégie globale des États-Unis contre la Chine ?*

(...) Elle pourrait se décomposer suivant quatre objectifs principaux :

– contrôler le besoin en énergie de l'adversaire ;
– l'encercler par un réseau d'alliances ;
– neutraliser sa capacité de menace nucléaire ;
– affaiblir sa géopolitique et son unité politique intérieure.

L'Asie ne dispose pas des ressources énergétiques suffisantes à son développement. Elle doit importer de plus en plus. À partir de 1993, la Chine est devenue importatrice net de pétrole. Cette dépendance pétrolière n'est pas diversifiée : pour l'ensemble de l'Asie, elle est concentrée à plus de 70 % sur le Moyen Orient. Mais la dépendance à l'égard des pays pétroliers du Moyen Orient est aussi une interdépendance. Si ceux-ci exportent aujourd'hui 60 % de leur production vers la seule zone Asie, on estime que ce chiffre passera à 90 % en 2015. L'interdépendance énergétique pourrait donc logiquement favoriser le rapprochement politique entre la Chine et les pays pétroliers du Moyen Orient. Pour écarter cette éventualité, les États-Unis devront donc compléter leur mainmise sur l'Arabie Saoudite et le Koweït par **la prise de contrôle de l'Irak et de l'Iran**. *S'ils y parviennent, ils contrôleront la pompe énergétique qui alimente la croissance asiatique, et en particulier la croissance chinoise.*

(...) Quelles solutions d'approvisionnement hors du contrôle stratégique américain s'offriront alors à la Chine si l'Amérique atteint ses objectifs en Irak puis en Iran ? (...) ».

Ce point de vue synthétique, remarquable d'acuité, résume l'essentiel. Reprenons les quatre grands thèmes de la stratégie américaine que nous propose Chauprade :

Contrôler le besoin en énergie de l'adversaire

Prendre sous leur coupe un maximum de gisements pétroliers en un minimum de temps, telle semble être la politique appliquée par les États-Unis depuis l'accession de George W. Bush au pouvoir. On savait la représentation gouvernementale républicaine noyautée par le lobby pétrolier, et, dans un premier temps, il n'était pas impensable d'attribuer la politique extérieure américaine à la simple expression de ce lobby dans un but purement lucratif. L'importance des actions menées à l'étranger ainsi que l'éclairage apporté d'un côté par l'imminence du déclin de la production pétrolière et, de l'autre, le besoin de contrer la progression de la Chine, nous montre que l'intérêt américain pour l'or noir va bien au-delà des seuls gains financiers : si les États-Unis ne prennent pas immédiatement le contrôle de l'eldorado pétrolier, ce sont les Chinois qui rafleront la mise.

Bien entendu, la Chine ne s'aurait s'accommoder d'une dépendance vis-à-vis des États-Unis qui tentent de contrôler aujourd'hui cette région pour, soi-disant, sécuriser l'offre pétrolière mondiale. Essentiellement cliente de la zone de production du Moyen-Orient pour des raisons de proximité, la Chine est extrêmement attentive aux évolutions en cours, en particulier en Iran et en Irak, et elle pourrait être amenée à contrarier les tentatives américaines d'appropriation de la zone iranienne. Le président Jiang Zemin s'est rendu en Iran en avril 2002 et des accords ont été signés sur les hydrocarbures, le commerce, le transport, l'information technologique et militaire. Par ailleurs, le détroit d'Ormuz, première porte de sortie du pétrole du Moyen Orient, présente pour la Chine un intérêt stratégique croissant et elle va chercher par sa présence à prévenir les effets d'une éventuelle rupture brutale de ses approvisionnements en pétrole en cas de fermeture. Elle met en pratique cette stratégie en se lançant dans une politique ambitieuse de développement de ses capacités de projection navale.

Les Chinois entretiennent également une base navale dans les îles birmanes de Coco, et modernisent la base navale de

Gwadar, près du détroit d'Ormuz, au large du Pakistan. « *Ces relais forment comme un collier de perles à partir duquel ils pourront contrôler les routes d'approvisionnement en pétrole du Moyen-Orient vers la mer de Chine du sud* », analyse un diplomate taiwanais en poste à Tokyo.

Encercler l'adversaire par un réseau d'alliances

En dressant autour de la Chine un cordon sanitaire d'Etats anti-chinois, Washington compte gêner les efforts du gouvernement chinois pour sortir de l'isolement. En extrême Orient, l'encerclement de la Chine devrait s'appuyer sur le dispositif étatique Corée du Sud-Japon-Taiwan doublé déjà d'un impressionnant dispositif militaire américain stationné dans la région. Si les États-Unis associent la Corée du Nord, dernier reliquat de la guerre froide russo-américaine, à l'Iran dans l'axe du mal, c'est dans l'objectif d'encourager la réunification (alliant l'économie du Sud et le potentiel militaire du Nord) d'une grande Corée anti-chinoise et pro-américaine, capable dans le même temps de surveiller, à leur profit, l'évolution japonaise. Les efforts américains pour construire autour de la Chine un cordon sanitaire rassemblant au moins la Russie, l'Inde, la Corée réunifiée et le Japon seront cependant limités par le fait que de telles puissances ne peuvent se satisfaire d'être des vassaux. Mais la course à la puissance militaire que les États-Unis ont envisagée vise à diminuer la liberté d'action de ces nations millénaires, de sorte qu'elles jugent que le choix le plus rationnel consiste à opter pour l'Amérique contre la Chine. Par ailleurs, si demain le Pakistan ne fait plus partie du nouveau pacte de Bagdad que l'Amérique cherche à construire, mais d'un bloc islamique hostile à Washington et Tel-Aviv, alors l'Inde sera son remplaçant évident, l'axe traditionnel Moscou/New Delhi venant alors encercler la Chine. Dans le Pacifique, Washington renforce également ses alliances avec les Philippines et l'Australie, et se sert de la vive hostilité de l'Indonésie vis-à-vis de Pékin pour se prévaloir d'appuis logistiques (présence en Irian Jaya).

Comme on l'a vu dans le rapport de la CIA, les néo-conservateurs font aussi le pari d'une re-formation d'un bloc occidental contre la Chine, mais rien ne vient démontrer que l'alliance de la Guerre froide serait encore d'actualité dans ce nouveau contexte.

Dans ce jeu d'alliances, la géopolitologue Catherine Kaminsky rappelle que le choix des Russes peut faire pencher la balance. Moscou peut faire basculer son alliance soit du côté de l'Inde contre Pékin, soit vers la Chine en contrepoids des Américains. Mais un rapprochement de la Chine et de la Russie, perceptible avec le forum de Shanghai, signe une réémergence forte et rapide des deux leaders du monde asiatique. Pour Jephraim P. Gundzik, président de la firme de consulting Condor Advisers, Inc., la politique militaire unilatéraliste de George W. Bush construit par réaction de nouvelles alliances géostratégiques, la plus significative étant la formation d'un triangle entre la Chine, l'Iran et la Russie. La Chine et la Russie ont réalisé un important exercice militaire commun en 2005 (Note 1). Les ventes d'armes entre les deux pays sont florissantes et se développent en parallèle des échanges non militaires, essentiellement énergétiques. L'annulation de la construction du pipeline liant les réserves pétrolières de Sibérie à la Chine a pu apparaître comme un coup d'arrêt mais, en réalité, le pipeline russe va désormais jusqu'au port de Nakhodha à la demande du Japon qui a payé le pipeline en échange. Ce port est à 40 miles des frontières chinoises et le prolonger ne coûterait rien. Si c'est le cas, Tokyo aura payé l'ouvrage pour les deux pays. En outre, la Chine investit massivement dans les entreprises pétrolières russes et a contribué à la re-nationalisation de Yukos. La Chine investit également massivement dans le gaz iranien. Pékin contrevient ainsi aux restrictions de commerce imposé à Téhéran par les États-Unis. La Russie et la Chine aident également l'Iran à développer son programme militaire et nucléaire. En somme, l'Iran et la Chine soutiennent aujourd'hui la politique tchétchène de Vladimir Poutine ; la Russie et l'Iran la politique taiwanaise de Pékin ; et la Russie et la Chine la politique nucléaire de l'Iran. Cette alliance à trois, aujourd'hui bien constituée, se dresse clairement contre les États-Unis.

Neutraliser la capacité militaire de l'adversaire et sa capacité de menace nucléaire

Le dernier rapport annuel du Pentagone est encore plus critique que les précédents sur la montée en puissance de l'Armée populaire. Donald Rumsfeld a accusé la Chine début juin 2005 de « *dépenser beaucoup plus pour son budget de défense que les responsables ne l'admettent* ». Washington reproche de ne pas inclure dans ses calculs les frais de recherche et développement ainsi que certaines dépenses de personnels. Les États-Unis ont beau jeu de critiquer le budget militaire chinois, celui-ci reste quatre fois moins important que le leur.

Docteur en Histoire, Konstantin Asmolov, membre du centre d'études coréennes de l'Institut d'études orientales de l'académie des sciences de Russie vient d'écrire un article dont l'intitulé ne prête à aucune confusion: « *La plus grande peur des États-Unis se concrétise : la Chine est prête à les défier.*

La Chine a depuis longtemps endossé le statut de grande puissance et elle est prête à défier les États-Unis, même sur le plan global. C'est lié au fait que depuis la chute du communisme, le confucianisme est le seul modèle de développement étatique susceptible d'être une alternative aux valeurs occidentales. De nombreux changements de stratégies militaires récents en Extrême orient ne se font pas seulement contre la Corée, comme on aime à le dire à Washington, mais aussi contre la Chine ».

La Chine comprend que les programmes américains menacent directement sa force de dissuasion, et réoriente ses priorités de développement économique vers la défense. Elle s'est particulièrement alarmée d'un document de planification à long terme rédigé en 1998 par l'US Space Command, où se trouvait exposé un nouveau concept d'engagement planétaire, prévoyant des capacités de frappe basées dans l'espace, qui permettraient aux États-Unis d'attaquer n'importe quel pays et d'interdire à toute autre puissance d'installer des capacités semblables. On comprend dès lors que les travaux de la conférence des Nations Unis sur le désarmement sont dans l'impasse depuis 1998 parce que la Chine veut absolument maintenir l'usage exclusivement pacifique de l'espace et que Washington s'y refuse, ce qui l'a coupé de nombre de ses alliés et a créé une situation d'affrontement.

Le plus haut responsable chinois du désarmement a observé: « *Quand les États-Unis s'estimeront dotés à la fois d'une très bonne lance et d'un très bon bouclier, il est possible qu'ils en concluent que nul ne peut leur nuire et qu'eux-mêmes peuvent nuire à qui ils veulent, n'importe où dans le monde* ». La

Chine est tout à fait consciente d'être la cible des nationalistes radicaux qui conçoivent la politique de Washington, et probablement la première visée par le message de la stratégie américaine de sécurité nationale. Il n'échappe pas non plus aux dirigeants chinois que les États-Unis se disent en droit d'utiliser leurs armes nucléaires les premiers. Et ils savent aussi bien que les experts américains que les vols d'avions EP-3 à proximité de la Chine, dont l'un a été abattu début 2001, ne sont pas là seulement pour la surveillance passive. Ces avions collectent des informations qui servent à élaborer les plans de guerre nucléaire.

La Chine peut tirer avantage de l'étendue de son territoire qui la rend moins vulnérable aux éventuelles attaques nucléaires, et de sa bordure côtière largement ouverte sur le Pacifique. Mais les Américains ont l'ambition de maîtriser l'espace et cette initiative unilatérale relance la course aux armements de tous côtés.

Concernant l'armement conventionnel, il est de notoriété que l'Union européenne compte lever prochainement l'embargo sur les ventes d'armes à la Chine. Au sein de l'Union, la décision est prise. Londres a fini par se ranger du côté de Paris et Berlin pour mettre un terme à ces sanctions « obsolètes ». Il reste à « fixer une date » et à « calmer Washington » résume-t-on à Bruxelles. Mais Washington ne se calmera pas si facilement. De passage à Pékin le 16 juillet 2005, Manuel Barroso, président de la Commission européenne, a rappelé que la levée de l'embargo serait subordonnée au respect des droits de l'homme. Deux progrès attendus sont la ratification de la convention de l'ONU sur les droits civiques et politiques, ainsi que la situation des prisonniers de conscience. Toutefois, il est évident que l'arbitrage sous la houlette américaine est plus que négatif, les États-Unis ayant menacé l'Europe de représailles tous azimuts si cette dernière continuait de faire la sourde oreille aux recommandations d'outre atlantique.

Affaiblir la géopolitique de l'adversaire et son unité politique intérieure

La RAND Corporation a identifié huit risques majeurs pour la croissance économique de la Chine dans la prochaine décade :

- Fragilité du système financier et des entreprises d'État,
- effets économiques de la corruption,
- problèmes de ressources d'eau et de pollution,
- possibilité d'un retrait des investissements étrangers,
- expansion du Sida et des épidémies (SRAS, autres pandémies...),
- chômage, pauvreté, frustration sociale,
- consommation d'énergie et montée des prix,
- Taiwan et autres conflits potentiels.

Les États-Unis, probablement, éprouveront le souhait d'agir pour déstabiliser le régime chinois de l'intérieur en visant ses points faibles – utiliser à nouveau l'arme de l'islamisme comme ils l'ont fait naguère contre l'Union Soviétique par exemple – et brider ainsi la montée en puissance de l'empire du milieu. Mais c'est un jeu dangereux, car la Chine tient en respect les États-Unis en ce sens qu'elle détient un nombre de créances en dollars capable d'écrouler l'économie américaine si elle réclamait le remboursement de ses créances. C'est le jeu du « je te tiens, tu me tiens, par la barbichette. Le premier qui rira... » aura perdu ! Sauf qu'en dernier ressort, l'Amérique a les moyens de se déclarer « mauvaise perdante », atout dont ne dispose pas la Chine qui pourrait subir les foudres d'une attaque nucléaire globale beaucoup plus efficace que ce qu'elle serait en mesure d'infliger à l'heure actuelle.

Et la France dans tout ça ?

En France, que répondre à cette situation ? Que pouvons-nous faire d'autre que de la subir ? L'économie s'est emballée, de nouveaux goinfres se sont invités à la fête et se sont mis à dévorer le gâteau à belles dents. Chacun veut se rassasier et réclame sa part à grands cris. Du gâteau sérieusement entamé il ne reste que des portions, la fête tourne mal…

Nos hommes et femmes politiques s'enfoncent la tête dans la terre chaleureuse de l'hexagone, de peur d'affronter cette terrible émergence, sans oser mettre en doute le « happy end » festif. Questionner l'avenir de cette « party » avec ces redoutables invités de dernière minute revient à se faire peur, à admettre que la France ne peut que décliner économiquement et qu'elle n'a pas les moyens de s'interposer militairement dans ce jeu de brutes. Mais c'est la réalité, ne nous voilons pas la face.

Notes :

1. Les manœuvres sino-russes : la Chine et la Russie ont lancé le 18 août 2005 leur plus vaste exercice militaire aéronaval commun, de la rive ouest du Pacifique jusqu'à la mer jaune. Baptisée « Mission de paix 2005 », pour afficher une façade politiquement correcte, l'exercice conjoint ne cache cependant pas une nouvelle fraternité antiaméricaine. Le dispositif a déployé dix mille hommes, soixante-dix bâtiments de guerre, des dizaines d'avions de combat, des bombardiers stratégiques russes Tu-95 et Tu-22M, ainsi que des sous-marins chinois flambant neufs, ceux qui inquiètent l'US Navy en haute mer.

2. Par exemple, l'histoire du naufrage du sous marin russe Koursk fut le résultat probable d'une attaque américaine visant à dissuader les Russes d'exporter des technologies avancées en direction de la Chine, ce qui donna lieu à un immense mensonge d'État et, accessoirement, aux conditions accidentelles mais normalement susceptibles de déclencher une guerre nucléaire. Voir le dossier en Annexe II.

3. Taiwan, un point chaud: en juillet 2005 le général chinois Zhu Chenghu, un haut responsable de l'armée, a déclaré à des journalistes étrangers à Honk Kong qu'en cas de conflit avec Taiwan, « *si les Américains tirent sur le territoire chinois, nous aurons à répondre avec des armes nucléaires* ». L'Armée populaire a acheté ou construit assez de sous-marins, d'unités amphibies de débarquement, d'avions et de missiles pour faire peser une menace immédiate sur Taiwan, estime le Pentagone. Plus qu'un point stratégique, Taiwan est un symbole de la lutte sino-américaine. La promesse faite à Taiwan par les États-Unis de leur fournir un bouclier anti-missiles (Theater Missile Defence) risque de renverser le rapport de forces et la Chine pourrait être prise par l'envie d'intervenir avant que celui-ci ne soit opérationnel. Dans tous les cas, Taiwan est, et restera, un test grandeur réelle de la volonté d'affrontement, ou de retenue, des deux superpuissances.

7.

La planète s'en va-t-en guerre. Que font les autruches ?

La guerre pour la suprématie

Au lieu de se lancer dans de grands débats géopolitiques, contentons nous d'une petite fiction qui aura le mérite de présenter un portrait lisible de la complexité multipolaire.

La scène se déroule dans le bureau ovale à Washington :
– « Monsieur le Président, selon notre plan prospectif à 50 ans, il s'avère que la Chine va nous causer de sérieux ennuis.
– 50 ans ! Non seulement nous serons morts d'ici là, mais personne n'est capable de voir l'avenir aussi lointain avec certitude ! répond le président.
– Avec certitude, non, avec de bonnes probabilités, oui. Nous sommes comme des joueurs d'échec, nous devons prévoir les coups de l'adversaire suffisamment longtemps à l'avance si nous voulons avoir le temps de nous préparer. On met 20 ans à

construire une nouvelle génération d'avions ou de sous marins, un temps tout aussi long pour s'implanter aux bons endroits, tisser un réseau d'alliés, affaiblir les capacités de l'ennemi...
– Soit, mais pourquoi la Chine serait-elle cet ennemi qui vous effraye ? Laissons-la « consommer » et rejoindre notre mode de vie, nous ne pourrons qu'en tirer bénéfice !
– J'ai le regret de vous annoncer, monsieur le Président, que cela n'est pas possible.
– Pas possible ? Il n'y a qu'à le vouloir, bon sang !
– Si la Chine rattrapait notre train de vie, les experts ont établi qu'il faudrait entre trois et cinq planètes Terre supplémentaires pour fournir les matières premières nécessaires à ce développement, c'est ce qu'ils nomment « l'empreinte écologique ».
– Et que faites-vous des avancées technologiques ? De la récupération des déchets et des emballages, ou de la découverte de gisements profonds ?
– C'est un leurre dans le peu de temps qui nous reste, les calculs sont formels.
– La mine assombrie, le Président se renfonça dans son siège.
– Essayons de nous entendre avec eux, suggéra-t-il.
– En négociant le mode de vie américain au rabais ?
– Ah, ça non, jamais !
– Alors vous pouvez faire une croix dessus : les lois de la physique sont ce qu'elles sont. De plus, l'hostilité des intentions chinoises à notre égard est immense.
– Comment cela ? Wall Mart fricote bien avec eux, et elle n'est pas la seule entreprise américaine à retirer des bénéfices de son investissement en Chine, non ?
– L'ex Empire n'a jamais accepté d'être relégué au rang de vassal. Son redressement ultrarapide se déroule sur ce fond de revendication. Ses options militaires et économiques affichent

nettement leur inclination: dépenses militaires en hausse spectaculaire, budgets et programmes « noirs » cachés des observatoires, une fusée capable de toucher le cœur des États-Unis aussi bien que d'atteindre nos satellites, leur ministre de la défense l'a écrit en 2003, avant son limogeage: ils prendront leur « droit » au développement coûte que coûte, au risque de devoir atomiser le Japon et nous neutraliser. Les économistes chinois ont également admis la proximité de la pénurie et la nécessité impérieuse de sécuriser leurs approvisionnements, en intervenant militairement le cas échéant.

– Mais, c'est notre politique, ça!

– Nous ne serons plus les seuls, monsieur le Président.

– Bon, alors que proposez-vous, Madame Irma?

– Le faucon ne sourcilla pas.

– La CIA a rédigé un rapport très détaillé sur le sujet. Plusieurs vecteurs d'actions sont susceptibles de réduire la menace et empêcher le géant chinois de se mettre debout. Le plus efficace, et de loin, est de contrôler les robinets du pétrole. La soif de l'empire est insatiable, l'or noir alimente sa fourmilière en expansion. Contingentons son accès à la source et sa croissance magique fondera comme neige au soleil, entraînant chômage, conflits sociaux et déstabilisation du régime. C'est pour cela qu'il nous faut contrôler dès maintenant le second stock de pétrole et de gaz au monde: l'Iran. Dans dix ans, dès que la pénurie pétrolière sera visible, il poussera des dents à toutes les nations, des crocs à la Chine, à la Russie, à l'Europe, au Japon, à l'Inde. Il faut agir vite. Attaquons l'Iran.

Le Président hocha la tête avant de rétorquer:

– Vous semblez oublier que le commerce florissant avec la Chine lui a rempli les poches de Bons du Trésor de l'oncle Sam. Il leur suffit de lever le petit doigt pour couler notre dol-

lar et l'économie avec ! Dès que nous tousserons un peu fort, ils dégaineront !
– Nous avons la parade, monsieur le Président.
– Ah, et laquelle ?
– Attaquons l'Iran.
– Quoi !
– Écoutez-moi un instant. Avec un dollar solide comme un roc, le pistolet que la Chine nous pointe sur la tempe se transformera en pistolet à eau. Ils auront beau agiter leurs dollars, il ne se passera rien…
– Le dollar est loin du roc que vous décrivez. C'est un équilibriste au-dessus d'un grand vide aujourd'hui.
– Exact. Et la menace vient d'Iran principalement : si le pays ouvre sa bourse en pétroeuros, il risque d'y avoir un mouvement d'aspiration et de bascule susceptible de faire plonger notre monnaie.
Le président médita au moins deux bonnes minutes…
– Et puis, ajouta le conseiller, une attaque de l'Iran en train de fabriquer sa bombe atomique aura les faveurs de l'essentiel de la communauté internationale, tout en nous donnant l'opportunité de masquer le merdier que l'on a foutu en Irak. Je vous l'assure, c'est un bon plan, monsieur le Président. »

Bon, arrêtons la spéculation romanesque. Il n'empêche : selon mon interprétation, le mécanisme à retardement de la guerre contre l'Iran est amorcé. Inexorablement, car la rhétorique d'Amhadinejad nourrit la stratégie des faucons, cette minorité aux commandes des États-Unis, et que la réciproque est vraie. Le désir d'Amhadinejad de réduire Israël, accompagné par une vague de populisme islamiste, ainsi que son œuvre délibérée pour acquérir une panoplie nucléaire sont manifestement réels. Comble de l'horreur, cette tendance s'emboîte parfaitement avec les visées américaines qui trouvent là, de façon presque inespérée, la légitimité qu'elles n'auraient jamais eue en d'autres circonstances. La conclusion inévitable de cette escalade perverse, spirale auto entretenue qui renforce la radicalisation de chacun des protagonistes, s'appelle une guerre. Celle-ci aura des conséquences incalculables et terribles pour le monde. Parce que le bombardement des sites iraniens, pour atteindre un degré d'efficacité correct, sera nucléaire ; parce que l'Iran est une cible plus rude que l'Irak ; parce que l'Iran est soutenue par la Chine et la Russie qui ne perdront pas une opportunité d'affaiblir les États-Unis et ne plieront qu'acculés. En cas de nucléarisation du conflit, même limité à des charges tactiques, on pourra déplorer une perte totale du crédit américain, une réprobation massive de l'opinion internationale et américaine probablement instrumentalisée par la Chine et les pays de l'Islam. D'une certaine manière, ce serait l'entrée dans une époque de Troisième Guerre mondiale.

Rejoignons maintenant la politique française, bien éloignée de ce charivari. Le pion français perdu sur l'échiquier où les tours, les reines et les rois s'affrontent dans une partie de fous, a-t-il un rôle à jouer ? Comment résister au maelström ? Au vortex des tensions géopolitiques qui tourneboulent six milliards d'hommes ? Précédant la guerre d'Irak, se sont enclenchés des mouvements populaires de protestation qui se sont exprimés tant en Europe que dans le reste du monde, et malgré leur échec, l'exemple irakien a montré que la population dispose d'une réelle capacité de contrer les politiques aventuristes des décideurs institutionnels. Le principe de la guerre préventive est sorti des bureaux des faucons américains, instaurons son contrepoids : la rébellion préventive ! Ce que l'on doit attendre de la politique française est de ne pas nous laisser conduire avec complaisance dans le jeu des loups, c'est d'ouvrir les yeux préventivement et de tout mettre en œuvre afin d'éviter l'Armaguedon qui s'enfanterait sur le territoire Perse si la politique américaine d'agression n'était pas contrée. Jacques Chirac et Dominique De Villepin ont eu le courage de dénoncer les visées militaires américaines en Irak, défendant au passage les intérêts du groupe Total qui venait de s'implanter chez Saddam. Avec l'Iran, il faudra maintenir le cap, Total y aidera puisqu'il a de grandes ambitions dans ce pays.

L'Iran

L'Iran est un acteur majeur du jeu géopolitique, disposant des secondes réserves pétrolières au monde (11,7 %) derrière l'Arabie saoudite (25 %) et devant l'Irak (10 %) et des secondes réserves mondiales de gaz naturel derrière la Russie. Cela explique l'intérêt croissant des États-Unis vis-à-vis de cette nation classée parmi « l'axe du mal ». On peut penser que c'est en réaction à cet intérêt trop marqué que l'Iran, par mesure de protection, a développé un programme nucléaire et a été poussé à construire une industrie de défense conventionnelle : d'une part le pays a un sentiment d'encerclé, les États-Unis étant militairement présents sur toutes ses frontières maritimes et terrestres (Turquie, Irak, Koweït, Bahreïn, Arabie saoudite, Qatar, Oman, Pakistan, Afghanistan) ; d'autre part, ses sites sont vulnérables car concentrés à proximité de l'Irak (deux régions, le Lorestan et le Khouzestan, recèlent 90 % de son pétrole) ou sur des plates formes off-shore dans le Golfe. Le Japon a entamé une forte coopération avec l'Iran depuis 2000, date à laquelle l'Arabie saoudite a mis fin à un contrat exclusif d'exploitation de gisements pétroliers conclu avec lui. Mais c'est surtout la Chine qui endosse le rôle du client et du partenaire privilégié de l'Iran.

La guerre pour le pétrole – visées sur l'Iran

Les grandes batailles de demain seront liées à la maîtrise des sources énergétiques pour la grande consommation et aux effets de la globalisation. À l'approche du Pic pétrolier, le monde joue les dernières cartes de l'intervalle industriel. Si les États-Unis ne gagnent pas un quasi-monopole des flux de ressources mondiales, ce sera la Chine qui le fera. Elle gagne déjà des contrats pétroliers à long terme en Arabie Saoudite, en Iran, au Vénézuéla et au Nigeria, cherche à obtenir une part considérable de la production canadienne et a tenté de prendre possession de la compagnie américaine Unocal. Alors qu'en surface, les États-Unis et la Chine commercent poliment, l'un et l'autre recherchent une position dominante tandis que débute la partie finale. La stratégie qu'empruntent les États-Unis pour se maintenir à flot est visiblement de se transformer en usine de guerre pour conquérir et garder coûte que coûte le contrôle des flux de ressources mondiaux, et principalement celui de l'or noir. Ce contrôle lui permettra de satisfaire ses propres besoins énergétiques et de favoriser la prédominance du pétrodollar, mais également de contraindre le développement chinois en maîtrisant une partie de ses accès aux ressources fossiles. Quant à la rapidité des manœuvres, les États-Unis profitent aujourd'hui à la fois de leur avantage militaire actuel sur la Chine, qui ira en s'amenuisant dans l'avenir, et de la présence aux leviers de commandes à Washington des aigles les plus décidés.

L'Iran, la nouvelle cible

Après le 11 septembre 2001, George W.Bush a décrété l'existence d'un « axe du mal », comportant les nations suivantes: l'Iran, l'Irak et la Corée du Nord, jugeant souhaitable de réaliser un changement de régime dans les trois pays. On sait ce qu'il est advenu de l'Irak. En 2004, après sa réélection, Bush et son secrétaire d'État Condoleezza Rice ont évoqué une « guerre à la tyrannie », dont les cibles que l'on peut reconstituer à travers les discours des fonctionnaires du gouvernement seraient: la Syrie, le Soudan, le Yémen, l'Algérie, la Malaisie, l'Indonésie, la Georgie, la Somalie, et, en tête de peloton, l'Iran. Richard Heinberg, rédacteur en chef de *MuseLetter*, résume la situation à la fin juin 2005: « *Il y a de bonnes raisons de présumer qu'une campagne américaine contre l'Iran va débuter dans quelques mois et qu'elle servira d'ouverture pour la phase suivante, très élargie, de ce qui s'avère en fait être une guerre mondiale pour le pétrole du XXIème siècle* ». Effectivement, d'excellentes raisons permettent de penser cela.

L'Iran, déjà convoité par le passé

William Knox d'Arcy, un explorateur d'origine australienne, persuada en 1901 le Shah de Perse de lui accorder les droits miniers sur le pays, pour une durée de soixante ans, en échange de quelques milliers de livres et d'une part de 16 % sur le montant des recettes. Du pétrole découvert en 1908 naquit l'Anglo-Persian Oil Company – qui deviendra la British Petroleum (BP) – sous la pression britannique qui cherchait des approvisionnements sûrs au Moyen-Orient.

En 1921, l'officier Reza Khan accéda au pouvoir par un coup d'État et fonda la dynastie Pahlavi. Il engagea son pays sur la voie de la modernisation et obtint de meilleures conditions contractuelles avec BP. Subissant une pression commerciale et politique de la part de la Grande-Bretagne et de la Russie, le Shah se rapprocha de l'Allemagne avant le début de la seconde guerre mondiale. La Grande-Bretagne et la Russie envahirent l'Iran en 1941 et brisèrent la résistance : le Shah capitula, son fils monta sur le trône et déclara la guerre à l'Allemagne en 1943. Malgré ce rappel à l'ordre, l'Iran réitéra son acte d'émancipation de la tutelle britannique quelques années plus tard. Son premier ministre Mohammed Mossadeq nationalisa la concession de BP pour répondre aux besoins internes de financer la modernisation du pays, ce à quoi la Grande Bretagne répondit par un blocus plus une citation de Mossadeq devant la Cour mondiale de justice, qui statua en faveur de celui-ci. Malgré ce soutien, Mossadeq fut promptement renversé par une action conjointe des services secrets britanniques et de la CIA. En conséquence, le Shah accorda des droits pétroliers à un consortium d'entreprises anglo-américaines qui régnèrent jusqu'en 1978, date à laquelle le Shah Reza Pahlavi refusa la proposition de BP de renouveler pour 25 ans sa concession d'extraction pétrolière. Dans son livre *A Century of War : Anglo-American Oil and the New World Order* paru en 2004, William Engdah établit clairement le lien entre la révolution Khomeinienne qui mit l'Ayatollah au pouvoir en 1979 et les intérêts anglo-américains. Face au refus du Shah concernant la poursuite du monopole pétrolier existant, la CIA et les services secrets britanniques auraient œuvré pour sa destitution et son remplacement par Khomeiny. Cette décision de la part des stratèges américains de favoriser l'essor de l'islamisme radical au Moyen Orient s'explique par la volonté de dresser les pays arabes les uns contre les autres afin, premièrement, d'éradiquer la montée en puissance des nationalismes arabes laïques engagés sur la voie de la modernisation ; deuxièmement, de saborder l'influence soviétique dans la région, et notamment de le combattre en Afghanistan par soldats islamistes interposés ; troisièmement, de fournir un nouvel ennemi commode en remplacement des Soviétiques après la guerre froide. Il ne serait guère surprenant que, par la suite, la guerre Iran-Irak ait été secrètement encouragée par les États-Unis pour continuer d'affaiblir les deux pays, l'Irak ayant été massivement soutenue et approvisionnée en armement par les États-Unis durant cette période.

Les trois vraies raisons de la future attaque contre l'Iran

La première raison, loin en tête, consiste évidemment dans la richesse du pays, et dans sa position géographique stratégique qui le relie au Moyen Orient et à l'Asie centrale, nul besoin de s'étendre plus sur le sujet.

La seconde tient en ce que l'Iran manifeste souvent sa rhétorique antiaméricaine, avec une capacité de déstabiliser la région en prêchant un Islam hostile, et a dernièrement resserré ses liens économiques et militaires avec la Russie et avec la Chine. Pétrole contre armes et technologie : c'est proprement insupportable aux yeux de Washington.

Enfin, l'Iran projette d'établir une bourse pétrolière régionale. Du pétrole brut et des produits du pétrole et du gaz s'échangeront au sein de cette bourse qui contribuerait à faire de l'Iran le pivot des marchés pétroliers dans la région. Avec le recul nécessaire, on s'aperçoit que l'inscription des ventes mondiales de pétrole en dollars a maintenu artificiellement la force du dollar depuis 1974, permettant à Washington d'augmenter sa dette publique et son déficit commercial. L'action de Téhéran pourrait causer un effondrement du dollar.

L'Irak fut la première nation, en 2000, à vendre son pétrole en euros, et le premier geste des forces d'invasion américaines a été de rééetalonner les ventes de pétrole irakien sur le dollar. Dans un article du 27 octobre 2004, Clark fait l'analyse suivante : « *comme pour la guerre d'Irak, les opérations imminentes contre l'Iran sont liées à la macroéconomie du recyclage du pétrodollar et au défi (qui n'a pas été ébruité) que représente l'euro en tant que monnaie alternative des ventes pétrolières, pour la suprématie du dollar américain. À franchement parler, l'opération « Liberté pour les Irakiens » était une guerre conçue pour installer une marionnette pro américaine au pouvoir, établir une multiplicité de bases militaires avant le début du Pic pétrolier, et reconvertir l'Irak aux pétrodollars dans l'espoir de contrecarrer toute avancée de l'OPEP vers l'euro comme monnaie alternative des transactions pétrolières. D'un point de vue purement économique et monétaire, un système pétroeuro est une évolution logique, étant donné que l'Union Européenne importe davantage de pétrole des pays de l'OPEP que ne le font les États-Unis, et que l'Union Européenne représente, pour les pays du Moyen-Orient, 45 % de leurs importations. L'un des cauchemars de la Réserve Fédérale pourrait voir le jour en 2005 ou 2006 quand il deviendra manifeste que les acheteurs internationaux ont le choix entre acheter un baril de pétrole pour 50 dollars américains sur le NYMEX et IPE, ou acheter un baril de pétrole pour 37 à 40 euros via la bourse iranienne. Une bourse iranienne gagnante ferait du pétroeuro une solide monnaie alter-*

native de transactions pétrolières, et mettrait ainsi fin au statut hégémonique du pétrodollar en tant que monnaie détentrice du monopole pétrolier ». Les prix du baril ont grimpé depuis 2004, mais à part cela, il est inutile de changer une virgule de cet article.

Les deux prétextes de la future attaque contre l'Iran

Le premier d'entre eux, celui qui seul est capable de remporter l'adhésion de la collectivité occidentale et du Conseil de Sécurité de l'ONU est celui du nucléaire militaire. Selon les services occidentaux, il est probable que l'Iran sera capable de produire une bombe nucléaire entre 2008 et 2010. Les systèmes de lancement de missiles en mesure d'atteindre Israël et des bases américaines au Moyen Orient ou en Asie centrale sont déjà installés. Du point de vue Iranien, cependant, le développement d'une force de dissuasion nucléaire est tout à fait sensé étant donné la récente invasion de l'Irak par les États-Unis.

Des officiels du gouvernement Bush ont déclaré que l'Iran travaille simultanément sur une arme nucléaire et un missile, le Shahab 3A/Shahab 4, spécialement modifié pour emporter cette arme, et que l'Iran est plus en avance que prévu dans ce programme. Le groupe d'opposition iranien NCRI affirme que les travaux sont poursuivis par le Shahid Karimi Industrial Group au sein du complexe industriel d'Hemmat au nord est de Téhéran. Un récent rapport de la CIA au Congrès stipule que la Russie joue un rôle important dans le développement des missiles balistiques iraniens, allant jusqu'à son autosuffisance dans la fabrication. Le rapport pointe également du doigt l'assistance chinoise et nord-coréenne dont bénéficie l'Iran.

Les entreprises chinoises suspectées de collaborer au programme nucléaire iranien sont : QC Chen, Wha Cheong Tai Company, Liaoning Jiayi Metals et Minerals Company Ltd et Shangai Triple International Ltd. La firme Nord Coréenne est Changgwang Sinyong Corporation.

Autre pomme de discorde officielle : la centrale nucléaire en construction de Bou-Sher, dont l'uranium enrichi pourrait servir à la confection de charges nucléaires armant des missiles que l'Iran possède déjà. Le président Ukrainien a d'ailleurs reconnu que son prédécesseur avait procuré à l'Iran quelques missiles X55, la Russie servant d'intermédiaire dans la transaction. En France, le colonel Cagnat confirme que « *les Iraniens seraient déjà capables de délivrer des charges nucléaires à moyenne distance (Israël) et qu'ils pourraient disposer de ces charges en 2006* ».

Thérèse Delpech, chercheur associé au CERI, dit que les Iraniens ont déjoué la surveillance de l'AIEA concernant la phase de la conversion de l'uranium, et que la phase suivante de l'enrichissement est quasiment incontrôlable par un organisme tel que l'AIEA parce que facilement camouflable. La conversion était une étape précoce du cycle du combustible et c'était le point le plus vulnérable du programme iranien car la localisation de l'usine d'Ispahan était connue et il n'y avait pas d'équipements clandestins de cet acabit sur le territoire iranien. En revanche, une fois la conversion achevée, les produits convertis peuvent être déménagés, stockés dans des endroits secrets, puis enrichis dans des ateliers de centrifugeuses clandestines. C'est l'hypothèse de travail de tous ceux qui suivent le dossier. On se rappelle qu'en 2004, juste avant une inspection de l'AIEA, six bâtiments avaient été rasés sur le site de Lavizan et la terre était creusée de plusieurs mètres pour empêcher les prélèvements. On se remémore aussi la déclaration du négociateur du précédent régime iranien, Hassan Rohani, qui avouait que l'Iran avait pu assembler un grand nombre de centrifugeuses. « *Quelle que soit la détermination des différents acteurs (AIEA, Conseil de sécurité de l'ONU, etc.) L'Iran aura donc sa bombe, et tous ceux qui ont déclaré que ceci était inacceptable devront faire face aux conséquences de leur choix d'août 2005* », souligne Thérèse Delpech.

Face à cette menace nucléaire indubitable, mais qui donne à Washington un prétexte d'intervention, l'Amérique sort le grand jeu : « *La question iranienne sera réglée, par le recours à la force s'il le faut* », déclare Condoleezza Rice le 14 avril 2005. Dans son discours sur l'état de l'Union, le 2 février 2005, le président Bush clame : « *Aujourd'hui, l'Iran demeure le principal état commanditaire de terreur au monde, tournant ses efforts vers l'armement nucléaire tandis qu'il prive son peuple de la liberté qu'il recherche et qu'il mérite* ».

Le second prétexte, qui vient en appui du premier comme on l'a compris du discours sur l'état de l'Union, participe de ce que Washington nomme « la guerre contre la tyrannie ». Le régime des Mollahs est décrit comme obscurantiste et irrespectueux des droits de l'homme. Mais l'élection surprise d'Ahmadinejad autorise une dernière pirouette : les Américains se sont empressés de dépeindre l'ancien maire conservateur de Téhéran comme un ancien terroriste. Sans cela, il leur était difficile d'affirmer que l'Iran était un état « *commanditaire de terreur au monde* » et de faire le lien avec Al Qaida. Déjà cité à propos de la prise d'otages de l'ambassade américaine à Téhéran en 1979-1980, le nom d'Ahmadinejad apparaît début juillet 2005 dans une sombre affaire de meurtres d'opposants commis à Vienne le 13 juillet 1989. Ce jour-là, des tueurs encagoulés assassinent trois opposants kurdes, dont Abdhul Rahman Ghassemlou, alors dirigeant du parti démocratique du Kurdistan d'Iran et professeur d'économie à Prague. Les services secrets iraniens sont soupçonnés, mais l'affaire est étouffée. Du moins jusqu'à l'arrivée au pouvoir et les révélations en série sur son passé de jeune *pasdaran* – gardien de la révolution. Le ministère autrichien de l'intérieur a annoncé le 2 juillet 2005 détenir des documents remis par le porte-parole du mouvement écologiste autrichien, Peter Pilz. Ce dernier aurait obtenu d'un informateur « digne de foi » des informations compromettantes sur Amahdinejad. D'après cette mystérieuse source, baptisée « témoin D », mais qui serait en fait un journaliste iranien établi à Paris, Ahmad était le chef d'un des deux commandos envoyés à Vienne pour éliminer Ghassemlou. Il aurait récupéré des armes auprès de l'ambassade iranienne en Autriche puis s'y serait réfugié avant d'être exfiltré grâce aux pressions exercées par Téhéran sur le gouvernement du chancelier social démocrate Frantz Vranitsky. Selon Peter Pilz, « D » aurait recueilli en 2001 les confidences d'un ancien membre du commando, sans doute désireux de négocier un sauf-conduit en Occident. Ahmadinejad est soupçonné de meurtre et devrait faire l'objet d'un mandat d'arrêt international, martèle le porte-parole des Verts autrichiens. Le 1er juillet, le quotidien tchèque *Pravo* citait un autre opposant kurde, Hossein Yazdan Panah, selon lequel Ahmadinejad, au sein des gardiens de la révolution, était particulièrement chargé des opérations coup-de-poing à l'étranger. Démenties par les mollahs, ces accusations sont également démenties par l'analyste iranien du cabinet de relations publiques néoconservateur Benador Associates. Amir Taheri, s'en prend dans *Gulf News* aux attaques contre Ahmadinejad qui sont apparues dans la presse internationale. Pour lui, l'accusation concernant la participation du nouveau président à la prise d'otage de l'ambassade états-unienne de 1979 n'a aucun sens. Au contraire, Ahmadinejad s'était opposé à cette séquestration. En revanche, Kenneth Timmerman de la Foundation for Democracy in Iran, après avoir occupé pendant trois jours les pages du *Washington Times*, martèle sa propagande anti-iranienne dans le *Jerusalem Post*. Pour lui, pas de place pour le doute : Ahmadinejad est arrivé au pouvoir grâce à une élection truquée, c'est un extrémiste et l'Iran a acquis une quinzaine de têtes nucléaires avec le soutien du Pakistan, de la Chine et de la Russie et la complicité tacite de l'Allemagne. Aujourd'hui, Téhéran est à deux doigts d'équiper des missiles longue portée avec ces ogives et les États-Unis ne peuvent rien attendre du Conseil de sécurité de l'ONU. Il invite donc les États-Unis et Israël à frapper rapidement la République islamique.

Le ton monte

Les prix Nobel de la paix ont été décernés le 7 octobre 2005 à l'Égyptien ElBaradei et à son agence : l'AIEA. La décision du comité Nobel est intervenue alors que la communauté internationale échouait à convaincre l'Iran de renoncer à son programme nucléaire. Condoleezza Rice a félicité ElBaradei qui est pessimiste : il ne cesse de s'inquiéter de la multiplication des programmes atomiques à travers le monde, agitant le chiffre de 40 ou 50 pays qui pourraient devenir rapidement des puissances militaires nucléaires. Les journalistes, en soulignant l'opposition de ElBaradei à la guerre d'Irak, ont présenté cette récompense comme un coup d'épée envoyé en direction de

Washington. « *Une démarche que la Maison Blanche n'est pas prête de lui pardonner* », écrit Laure Mandeville dans le *Figaro* du 8 octobre 2005 en se trompant lourdement dans son interprétation. Car au contraire, le rouleau compresseur de la communication américaine est en train de tracer imperturbablement son chemin jusqu'à la guerre. L'AIEA va clairement servir de levier pour faire avaler à l'opinion publique internationale cette guerre de plus. Washington essaie de faire passer l'agence pour un organisme réellement indépendant, voire anti américain, ainsi personne ne trouvera à redire quand l'AIEA déclarera, la larme à l'œil, que l'Iran possède l'arme nucléaire.

Le 7 octobre 2005, Londres accuse l'Iran d'aider la rébellion en Irak. Tony Blair pointe du doigt Téhéran. Les Gardiens de la révolution auraient fourni de la technologie permettant d'améliorer la performance des explosifs employés dans les attaques contre des soldats britanniques. Petit à petit, on dresse la communauté internationale à penser que l'Iran est un pays voyou, terroriste, et que son industrie nucléaire est un danger pour le monde.

Alors que la Russie refuse de renvoyer le dossier nucléaire iranien devant le Conseil de Sécurité de l'ONU, on nous rappelle dans la presse que « *des sources de renseignement occidentales ont révélé que d'anciens militaires russes ont secrètement aidé l'Iran à obtenir les technologies nécessaires à la fabrication des missiles* », une manière comme une autre de déstabiliser Moscou. On apprend également que « Condee » Rice lance un avertissement à Téhéran accusé d'aide au terrorisme en Irak, et obtient le soutien de la France sur le dossier nucléaire, Jacques Chirac affirmant que « *la perspective d'un Iran doté de moyens nucléaires militaires est inacceptable* ». L'ambassadeur américain à l'ONU John Bolton monte à son tour au front et accuse l'Iran de s'être engagé dans la fabrication des bombes nucléaires depuis 18 ans et d'être susceptible « *de les fournir à des terroristes* ». Coup de théâtre le 27 octobre, le président iranien tend le bâton pour se faire battre : lors d'une conférence à Téhéran, il déclare « *Comme l'a dit l'imam Komeyni, Israël doit être rayé de la carte* ». Immédiatement, Israël taxe l'Iran de danger « *évident et actuel* » et réclame de porter le dossier iranien devant le Conseil de sécurité, ce qu'approuvent les Américains qui voient là une « *confirmation* » de leurs craintes. Alors que Mahmoud Ahmadinejab vient de réaliser le plus difficile, relancer le programme nucléaire tout en empêchant la saisine du Conseil de sécurité grâce à ses alliances stratégiques, son « mot de trop » permet au gouvernement Bush de s'engouffrer dans la brèche. Tendance suicidaire ou aveuglement messianique ?

Une assemblée du « groupe Bilderberg » s'est déroulée du 5 au 8 mai 2005 à Rottach-Egern en Allemagne. D'après les sources du journaliste Daniel Estulin, Richard Haas, président du CFR, affiche sa volonté de ne pas partir en guerre contre l'Iran. Ses arguments, largement répandus au sein de la communauté internationale, sont que le pays est largement plus puissant que l'Irak et que les troupes américaines, enfoncées jusqu'aux yeux dans le bourbier irakien (Note 1), devraient faire face à un ennemi plus robuste et mieux préparé. Quant à l'éventualité d'une frappe préventive seulement contre les sites nucléaires, elle irait à l'encontre du but recherché car les mesures de contre-attaque de Téhéran iraient du déchaînement terroriste et du développement de l'instabilité en Irak, en Arabie Saoudite, jusqu'à une hausse des prix du pétrole susceptible de déclencher une crise mondiale. Mais Richard Perle, autre grand gourou de la politique des faucons américains, a expliqué son point de vue opposé.

Enfin, depuis la guerre du Liban de 2006, Washington n'a de cesse de désigner l'Iran comme soutien et pilote du Hezbollah et responsable des troubles dans la région.

Quel tour prendra la guerre ?

Le 17 février 2005, G.W. Bush a fait serment de soutenir Israël si ce dernier bombardait l'Iran pour tenter d'anéantir la capacité du régime islamique de construire une bombe atomique : « *Il est clair que si j'étais chef d'État d'Israël et si j'avais entendu certaines déclarations d'Ayatollahs iraniens touchant à la sécurité de mon pays, je serais inquiet que l'Iran possède, lui aussi, une arme nucléaire. Et en cela, Israël est notre allié, et en cela nous nous sommes très fortement engagés à soutenir Israël. Nous soutiendrons Israël si sa sécurité est menacée* ». Tandis que les efforts européens cherchent à éviter la confrontation, Guy Dinsmore, dans un article du *Financial Times* du 14 février 2005, note que les officiels disent que le mieux qu'ils puissent faire est de gagner du temps, peut-être jusqu'à la fin de l'année 2006. Dans un article intitulé « *The Coming Wars* » (Guerres à venir), publié dans le *New Yorker* du 24 janvier 2005, le journaliste d'investigation Seymour Hersh rapporte que des équipes de commando américaines ont opéré en Iran pendant des mois, exécutant des missions de reconnaissance secrètes pour se renseigner sur les sites nucléaires, chimiques et de missiles afin de préparer des frappes aériennes. On apprend le 6 janvier 2006 que la communauté scientifique américaine est en émoi : les physiciens s'inquiètent du projet de bombardement nucléaire de l'Iran justifié par la nouvelle *Doctrine for joint Nuclear Operations* rédigée par le Pentagone en mars 2005. Une pétition ouverte par des personnalités de l'université de San Diego en Californie rassemble actuellement les signatures de plus de 1 500 physiciens et 9 prix Nobel. Elle s'oppose notamment à l'utilisation de mini-bombes nucléaires en représailles contre l'Iran. Il n'y a pas de fumée sans feu.

À l'automne 2004, le magazine *The Atlantic* a organisé une cellule de réflexion de simulation de guerre. Le magazine a appointé des stratèges militaires retraités pour qu'ils se rencontrent et, au cours de discussions, jouent trois scénarios possibles : une attaque limitée sur les équipements de recherche nucléaire de l'Iran ; une attaque aérienne sur la garde républicaine conçue pour détruire l'ensemble de la capacité militaire iranienne ; une invasion totale visant à un changement de régime. Chacun d'entre eux s'est terminé par des conséquences inacceptables. L'attaque des équipements nucléaires, de l'avis unanime des participants, n'arrêterait probablement pas les recherches et ne ferait vraisemblablement que renforcer la résolution iranienne de développer des armes nucléaires. Une attaque aérienne contre des unités militaires provoquerait des représailles contre les forces américaines en Irak. Et une invasion totale entraînerait des pertes américaines ainsi qu'une situation de guérilla. Le chef de la simulation de guerre, le colonel d'aviation en retraite Sam Gardiner, organisateur de simulations de guerre au National War College pendant plus d'une vingtaine d'années, a résumé les conclusions du groupe : « *à l'issue de ce travail, je n'ai plus que deux phrases toutes simples à adresser aux politiciens : vous n'avez pas de solutions militaires pour les questions posées sur l'Iran : vous devez faire un travail diplomatique* ».

Toutefois les néoconservateurs semblent avoir une vision des choses que les situations de guerre ne reflètent pas. De toute évidence, ils croient qu'après les premières frappes, le régime iranien s'effondrera tout simplement. Hersh (*New Yorker* du 24 janvier 2005) écrit : « *le gouvernement a très envie d'une attaque limitée contre l'Iran parce qu'elle pourrait, croit-il, conduire à un renversement du leadership religieux. Dans l'âme de l'Iran il y a une lutte entre les nationalistes séculiers et réformateurs d'une part, a déclaré le conseiller, et d'autre part le mouvement islamique fondamentaliste. Rumsfeld et Worlfowitz sont persuadés que, à la minute même où l'aura d'invincibilité dont jouissent les mollahs sera brisée, et avec elle la capacité de tromper l'occident, le régime iranien s'effondrera, comme les anciens régimes communistes de Roumanie, d'Allemagne de l'est et d'Union Soviétique* ».

Il est douteux que le peuple iranien se révolte contre son gouvernement et accueille les Américains en sauveurs. Il fera plus probablement bloc contre l'envahisseur. Bien que la plupart des engins militaires iraniens soient obsolètes et usés, Téhéran possède quelques armes précises et destructrices comme le missile Sunburn, de fabrication soviétique, conçu spécialement pour vaincre le système de défense radar américain Aegis, et qui a la réputation d'être l'arme antinavires la plus efficace au monde. En cas d'attaque, l'Iran serait en position de fomenter une rébellion chiite en Irak contre les forces d'occupation, insurrection qui dépasserait en extension et en efficacité l'actuelle résistance menée par les sunnites. Les milices Basiji, fortes de 7 millions d'hommes, sont renforcées en Iran, des dizaines de milliers de fusils ont été distribués. En outre, Téhéran pourrait lancer 300 missiles balistiques Sahab-3 de fabrication nord-Coréenne, sur des bases américaines en Arabie, en Irak, en Afghanistan.

Le scénario le plus probable serait qu'Israël prenne l'initiative en bombardant les équipements nucléaires iraniens. Pour Téhéran, cela signifierait que les Américains sont impliqués, puisque les avions israéliens survoleraient immanquablement l'espace aérien irakien sous le contrôle américain. On peut prévoir qu'alors l'Iran riposterait à la fois contre Israël et les États-Unis, peut-être en lançant des missiles Scud contre Israël et des missiles de croisière Sunburn contre un ou plusieurs bâtiments militaires américains stationnés dans le Golfe Persique. La perte d'un porte-avions ou d'un cuirassé avec des milliers de marins américains à bord pourrait ensuite susciter une réaction émotionnelle suffisante de la part du peuple américain pour que toutes les ressources de la nation, y compris une réinstitution immédiate de la conscription, puissent être mobilisées autour d'une invasion de l'Iran en trident: à partir de l'Asie centrale, de l'Irak et du Golfe. Autrement, si l'Iran ne mordait pas à l'hameçon et ne coulait pas de navire de guerre américain, Israël s'en chargerait sous un faux pavillon, prétendant devant le peuple américain que les fautifs en sont les mollahs iraniens. Ou bien une ville américaine pourrait être attaquée de l'intérieur par des terroristes, la faute, la aussi, étant mise sur le dos de Téhéran.

Heather Wokusch est une journaliste et éditorialiste dans la presse de gauche aux USA. Son article récent a fait sensation sur le net par son côté explosif (Note 2). À l'instar du réseau Voltaire en France qu'anime Thierry Meyssan, Wokusch ne croit pas à la possibilité que l'Iran soit en mesure de fabriquer une bombe nucléaire rapidement, ni même à la volonté iranienne de se constituer un arsenal nucléaire. Cette analyse, à mon sens, ne tient pas devant les faits. L'Iran veut son missile nucléaire, jusqu'à preuve du contraire, une preuve qu'il lui aurait été facile de donner ces derniers temps, en disant par exemple « oui » à la proposition de Poutine d'enrichir l'uranium sur le territoire russe. À part ce point de divergence, les propos de Madame Wokusch sur les manœuvres de l'administration Bush ne sont pas complètement irréalistes. Constatant la difficulté pour les États-Unis d'attaquer l'Iran, à cause du retour de bâton prévisible ainsi que du manque de légitimité de l'agression, de son manque de crédit auprès de la population américaine déjà exaspérée par le bourbier irakien (qui n'est pas un bourbier : les américains contrôlent les installations pétrolières, ce but est atteint), Wokusch imagine ce dont l'administration américaine aurait besoin pour lancer ses troupes : un nouveau « 11 septembre » qui accuserait l'Iran. Une éventualité à méditer. Une chose est sûre, aller bombarder les sites nucléaires iraniens ne suffira pas à Bush pour s'emparer de leurs champs de pétrole. Il en faudra plus. Parmi la fourchette des possibles, j'ai imaginé le déroulement d'un scénario, à lire comme un roman, à voir en annexe III.

Issue fatale

S'écarter du contexte iranien ne suffit pas à diminuer le risque de conflit qui devient inhérent à la situation mondiale. Dans son livre *The Next World War*, Roy Woobridge pense que dans les cinquante ans qui viennent, les bouleversements climatiques vont induire un état de guerre permanent. Les conséquences du réchauffement vont dégrader sérieusement les capacités d'approvisionnement en eau, en énergie et en nourriture de la population mondiale, ce qui entraînera une concurrence féroce pour l'accès aux ressources vitales. Pour Jean-Michel Valantin, « *le degré de violence, en particulier militai-*

re, qui pourra en découler, risque de n'avoir aucun équivalent dans l'histoire humaine ». Avec cette prévision sombre de l'avenir, que demander à nos élus de France : d'accroître notre couverture militaire ? De forcer les uns et les autres, à l'étranger, à s'aligner sur une politique plus sage ? Étant donné le poids relativement faible de la France dans le monde d'aujourd'hui, toute action semble vouée à l'échec, les géants n'ont que faire des nains. Toutefois, tenir la population dans l'ignorance des véritables enjeux, aussi abrupts soient-ils, ne me paraît pas être une solution bonne et acceptable. Faire entendre une voix différente qui montrerait des alternatives pacifiques reste la seule option souhaitable. Encore faudrait-il, pour lui donner tout son poids, qu'il y ait une forte volonté politique de fonctionner en partenariat avec le peuple adulte.

Notes :

1. Les Américains s'étonnent que les Irakiens réunissent suffisamment de kamikazes, chaque jour, dans des explosions meurtrières, et aient le culot d'attaquer sans cesse leurs troupes. L'étonnant serait le contraire : l'uranium appauvri employé massivement dans les armes classiques (obus, bombes) américaines a tellement dévasté le pays, irradié et empoisonné sa population y compris les plus jeunes, que ceux-ci n'ont plus aucun avenir devant eux, si ce n'est épancher leur soif de vengeance en se consumant dans le brasier de la guerre contre l'envahisseur. Il n'est même pas question de religion là-dedans.

2. Extrait de l'article de Heather Wokusch : « *Les Chrétiens intégristes de la « fin des temps » croient en un Armageddon cataclysmique qui permettrait le retour du Messie et leur accès au paradis, en abandonnant les Musulmans et autres incroyants aux fléaux et à* *une mort violente. Le nouveau président chiite de l'Iran, Mahmoud Ahmadinejad, adhère quant à lui à une version concurrente du retour du Messie, où les cieux s'enflammeront et le sang coulera lors d'un affrontement final entre le bien et le mal. L'Imam caché reviendra et apportera la paix mondiale et instaurera l'Islam comme religion globale. Les États-Unis et l'Iran ont tous les deux des présidents qui se considèrent comme des élus et cherchent l'adhésion de leurs électeurs intégristes et partisans de l'apocalypse respectifs. Et dans cette poudrière, Bush propose d'introduire l'arme nucléaire.* »

(http ://www.legrandsoir.info/article.php3 ? id_article=3339)

8.

La France cocoricotte… les autruches se prennent pour des coqs !

Le mal est-il spécifiquement Français ? Non, malheureusement pour notre espèce. Le consensus de la « Terre plate » est général, les autruches sont partout, nous sommes tous des autruches. La reine des autruches est sans conteste le système économico-financier qui tire les ficelles du monde. Tant que l'argent rentre, on ne change rien. Surtout, pas question de jouer une partition moins rentable, et encore moins sur une musique « baissière ». Le modèle qui fonctionne aujourd'hui est remis en question par les prévisions sans que cela ne trouble grand monde. Pourtant, ce serait curieux que la bourse brasse encore des affaires juteuses lorsque la planète aura évacué l'homme de sa surface. La myopie caractéristique des instances transnationales dirigées par l'appât du gain doit faire craindre le pire. Avec la mondialisation à tendance libérale calquée sur le modèle anglo-saxon, les sociétés privées ont acquis une liberté d'action et un pouvoir phénoménal. Dans le jeu de l'édiction des règles, de leur application et du contrôle global, les gouvernements ont vu leurs prérogatives fondre, laissant le champ libre à « la main invisible du marché ». La coalition d'intérêts entre les grands industriels et les grands commis de l'État ajoute un verrouillage supplémentaire : c'est « touche pas à mon modèle économique » ! Et à droite comme à gauche, chacun devient tour à tour un grand commis de la nation. Tout concourt, tout conspire à ce que les capacités d'analyse, de prévision, et d'action de l'homme soient confisquées par le « système » et que ce dernier ne puisse changer que sous la contrainte de l'évènement, une fois qu'il sera trop tard, beaucoup trop tard.

La « croissance » : l'idole des vieux !

À **l'UMP,** à **l'UDF** comme au **PS**, on s'aligne sur le poncif de la « croissance ». On ne brise pas le tabou, le schéma garde son classicisme. Pas de surprise non plus venant de Philippe De Villiers, qui veut « *Libérer les énergies économiques, favoriser les pôles de compétitivité, renforcer le développement* », thèmes du **MPF**, le « Mouvement Pour la France ». Revenons aux poids lourds. Dans leur programme, **les socialistes** tablent leur action sur une croissance de 2,5 % jusqu'en 2012. Selon Dominique Strauss-Kahn, invité de l'émission « Questions qui fâchent » le 8 juin 2006 sur la chaîne LCI, « *rien n'est possible sans 2,5 % à 3 % de croissance annuelle* ». Dans *Vaincre le chômage*, l'ex candidat à la candidature Jack Lang affirme que « *Rien ne sera possible sans la croissance dont nous manquons cruellement*, qu'il faut *renouer avec le pacte vertueux de* *la croissance et de la productivité* ». Il envie « *la bonne fortune américaine qui accuse une supériorité de 25 points en matière de PIB par habitant* », et en page de conclusion lance cette dernière phrase « marketing » : « *Dans le respect de nos traditions et de nos valeurs, grâce à une société de plein-emploi, (...) du développement durable et de la démocratie "jusqu'au bout"* ». Jusqu'au bout de la durabilité du développement, ça ne fait pas longtemps, nous y reviendrons. Quant au site de Ségolène Royal, « Désirs d'avenir », il a beau indiquer le dernier livre de Jean-Marc Jancovici, rien n'invite à l'optimisme. Madame Royal s'inspire des travaux réalisés par le *think tank* français « La république des idées » présidé par Pierre Rosanvallon et Olivier Mongin. Le site de cette « République » est fourni en analyses et réflexions. Le moteur de recherche interne du site vous délivre mille et une références au sujet de la « croissance ». Tapez « décroissance », et le moteur ressort les mains vides ! Pas besoin de faire un dessin. Pourtant, François Hollande déclare : « *J'ai fait le choix, comme socialiste, du réalisme. Ce n'est pas un péché, un gros mot, une déviation. C'est, jusqu'à nouvel ordre, la façon la plus sûre de changer les choses. (...) Elle (la gauche) doit porter de nouveau l'idée de progrès, mais en dépassant la vision réductrice de la seule croissance, de l'économique et du social* », phrase qui pouvait laisser subsister quelque espoir. Espoir déçu.

Dans son discours après le NON français au référendum européen, Nicolas Sarkozy l'a dit : « *Il nous faut mieux coordonner les politiques économiques afin de stimuler la croissance* ». Bayrou insiste le 10 juin 2006 dans son discours de programme : « *Il faut retrouver les conditions de la croissance* ».

Faisons le point. Derrière ce mot de croissance, se cache la croissance de la diminution des ressources géologiques, la croissance des pollutions, et surtout comme nous l'avons vu, la croissance de la pénurie pétrolière et celle du risque de catastrophe climatique majeure. Nos dinosaures politiques, français et européens, économistes de la Terre plate, vivent dans le monde « d'Alice au pays des merveilles ». Mais ils ont un « truc » ! Comment concilie-t-on à l'UMP, à l'UDF et au PS la « croissance » avec la réalité plutôt embarrassante des déprédations irréparables sur l'écosystème ? Grâce à la baguette magique du « développement durable ». Le ministre de l'écologie du gouvernement de Dominique De Villepin, Nelly Olin, a lancé sa semaine du « développement durable » le 30 mai 2006, le nouveau terme à la mode qui fait passer la pilule des mauvais effets de la « croissance ». Ce sont des projets phares comme: les économies d'eau pour le lavage des voitures, ou *Babar, le P'tit Ecolo* ! Erreur de casting, encore une fois ! Le président de l'association écologique « Robin des bois » ne s'y est pas trompé, le vocable « développement durable », dit-il, a perdu son sens, s'il en a jamais eu un.

Le projet de Constitution Européenne qui émanait largement de l'UMP-UDF-PS – projet relégué au vide-ordures en 2005 mais qui semble avoir la peau dure – se fondait sur la stratégie adoptée à Lisbonne en 2000 qui s'était fixée le but d'être « l'économie la plus dynamique du monde d'ici 2010 en liant économie de marché « hautement compétitive » et « développement durable » ! Par quel tour de force, autre que littéraire, peut-on associer compétitivité, dynamisme économique et durabilité ? Qu'entendent-ils par « développement durable » d'ailleurs ? Le développement durable, tel que défini par le rapport de Bruntland (1987), est *« un développement qui répond aux besoins du présent sans compromettre la capacité des générations futures à répondre aux leurs »*. Ben voyons, je te pompe tout le pétrole, après moi la sécheresse (au lieu du déluge), et cela serait du développement qui dure ! *« Nous ne manquons pas de courage pour affronter les maux d'autrui »*, autrui étant nos enfants et petits enfants, les « arrières » n'étant pas certains de voir le jour. Le « développement durable », avancé par nos autruches académiciennes, reste, je suis désolé de le dire, synonyme de croissance. *« Le développement durable est une imposture ! »* clame l'économiste Serge Latouche. C'est un pur oxymore, un alliage de signes contraires qui n'a qu'un sens « publicitaire » pour faire vendre de la « soupe ». Avec 6 et bientôt 8 milliards d'humains, le développement tel qu'on l'entend ne peut être soutenu longtemps à cause des limites physiques de notre écosystème, et des limites de ses capacités de régénération. Le développement et la croissance ne sont plus durables dans ces conditions qui sont celles de la « réalité ».

Pour le **Front National**, c'est l'effet de serre qui est « discutable ». *« Le tiers-mondisme, la culpabilisation de l'Occident, un planétarisme appelant au brassage des populations, un catastrophisme s'appuyant sur l'analyse discutable de phénomènes comme « l'effet de serre » nous imposent des solutions mondialistes, négation de notre civilisation et de notre identité. Ainsi, seuls les pays développés devraient diminuer leurs rejets de* CO_2*, alors que le reste du monde pourrait polluer plus »*, c'est inacceptable pour le FN. Par conséquent : *« les dangers imaginaires, motivés par la seule volonté de parvenir à la « croissance zéro », seront dénoncés comme tels »*. Bien, c'est du « révisionnisme » tout craché qui propulse Le Pen au titre de meilleur prétendant au trône du Roi des autruches ! Le Pen ose ce que personne n'ose : attaquer frontalement les résultats du travail communautaire et consensuel des scientifiques du GIEC à l'ONU. Les autres partis préfèrent éluder, ou intégrer un imaginaire « durable », ils savent que le GIEC est inattaquable.

Quant à l'Europe actuelle... dans le septième programme cadre de recherche et développement (PCRD) entériné le 30 mai 2006, pour une période courant jusqu'en 2013, le **Conseil des ministres européens,** sur recommandation du Conseil européen de la recherche (CER), a affecté le plus ambitieux poste budgétaire aux technologies de l'information, facteurs de gains de productivité (9 milliards d'euros). L'énergie hors nucléaire qui, dans le contexte imminent de pénurie énergétique, devrait devenir largement prioritaire, arrive au cinquième rang et n'est gratifiée que de 2,3 milliards d'euros, tandis que l'environnement recueille seulement 1,9 milliard. Le maître mot reste et demeure la « compétitivité » et la « croissance » puisque tel est le domaine de compétence de ce Conseil des ministres. Le nouveau CER, chargé de financer des projets de recherche fondamentale et axé sur la préparation de l'avenir, vient donc de commettre une bourde monumentale à l'échelle des futures décades. La locomotive « économie », droite sur ses rails, fonce à tombeau ouvert... vers son tombeau.

L'équation énergie, nucléaire et climat.

Si les partis extrémistes de gauche et les Verts sont ceux qui ont le mieux assimilé les dangers de la « croissance », lourd héritage d'une économie qui a jusqu'ici fonctionné mais n'est pas capable d'assimiler une nouvelle réalité, la cotation s'inverse avec les options à prendre sur le volet de l'énergie. Concernant le nucléaire, les ambitions des partis de droite, de la majorité actuelle et du PS vont ici dans le bon sens, à l'aune d'un jugement non idéologique mais pragmatique. À gauche, seule exception parmi les petits partis qui veulent « sortir du nucléaire », le **parti communiste** français dont le bureau de presse annonce le 24 avril 2006 qu'il « *se prononce clairement pour une alternative aux énergies fossiles (pétrole, gaz, charbon) productrices de gaz à effet de serre et à l'origine du réchauffement climatique. En outre leur épuisement à terme et leur coût imposent l'urgence d'une véritable révolution énergétique, fondée sur trois axes majeurs :*

– Un programme d'économies et d'efficacité énergétique autour d'une autre conception des transports, de l'aménagement du territoire, du développement urbain et de l'habitat.

– Un programme de recherche, d'expérimentation et de production d'énergies renouvelables qui doit être financé par une taxation sur les profits pétroliers.

– Un programme de recherche et de production en faveur d'un nucléaire plus sûr, maîtrisant mieux les questions des déchets dans la transparence et le contrôle citoyen. Ce programme doit concerner l'actuelle fission nucléaire et l'éventuelle possibilité en matière de fusion nucléaire avec le programme ITER.

En effet, si le nucléaire n'est pas la seule solution, il n'en reste pas moins qu'il représente aujourd'hui un outil contre le réchauffement climatique. (...) Au delà, le 20ème anniversaire de ce drame (Tchernobyl) doit être l'occasion d'ouvrir, dans des conditions transparentes et démocratiques, le débat sur l'énergie nucléaire en particulier ». Cette prise de position me semble parfaite, seule et unique voie placée sous le signe du réalisme (au seul bémol d'ITER, complètement dépassé par la

Z-Machine américaine, mais c'est là un débat de spécialistes).

Même le programme du **Front National** acquiert un semblant de sérieux sur cette question : « *Notre potentiel énergétique global doit être conservé, quelle que soit sa nature, sauf à nous placer volontairement sous la coupe d'organisations supranationales ou de grands intérêts. En revanche, il est du devoir de l'État de prendre toutes les garanties de sécurité, notamment dans le domaine nucléaire (relance des recherches sur le retraitement des déchets radioactifs). Comment ne pas évoquer la criminelle occultation des retombées de Tchernobyl en France par le gouvernement Chirac en 1986* ». Oui le nucléaire est terriblement dangereux et perfectible.

C'est d'ailleurs l'argument phare des anti-nucléaires, repris par Jacky Hébert et Laurent Grouet de la **LCR** (Ligue Communiste Révolutionnaire) qui nous proposent une solution miraculeuse : « *La sortie du nucléaire ne peut se faire qu'en tenant compte de la problématique énergétique globale, et elle doit donc viser à minimiser autant que possible le recours aux énergies fossiles. Cette sortie doit résulter de la conjonction de deux facteurs ; d'un côté, la baisse de la demande en électricité par une politique de sobriété (rénovation de l'habitat, refus du gaspillage…) et d'économies ; de l'autre, un développement massif des énergies renouvelables (ER). Les développements dans la filière éolienne rendent possible une sortie du nucléaire en une dizaine d'années, sans avoir à relancer des centrales thermiques ni à rouvrir des mines de charbon* », écrivent-ils. Incroyable ! C'est beau la magie ! 10 ans pour passer de 0,05 % à 80 % de fourniture électrique d'origine éolienne ! Stop, ce n'est pas sérieux, il faudrait des centaines de milliers de moulins high-tech pour couvrir les besoins électriques d'un pays comme la France. Si on applique une croissance généreuse de

10 % par an de l'éolien sur les 50 prochaines années, cette source représentera 2,5 % du total mondial si ce dernier fait toujours 9 milliards de tonnes équivalent pétrole, et moins de 1 % de l'approvisionnement mondial dans 50 ans si la consommation globale d'énergie continue à croître de 2 % par an, a calculé Jean-Marc Jancovici dont les chiffres (fin 2003) ne sont guère contestables. Et donc : « *La conclusion est assez simple : si nous voulons nous débarrasser d'une fraction significative des combustibles fossiles dans les 50 ans qui viennent, faire ou ne pas faire d'éolien est assez indifférent* ». Voilà la réalité toute crue : l'éolien est un faux débat, une fausse solution. Se débarrasser du nucléaire, par contre, serait nous priver de « courant » dès que la déplétion s'abattra, un véritable suicide économico-social.

Même combat chez **les Verts** qui récusent totalement l'option atomique. Dans l'absolu, ils n'ont pas tort, c'est un sport dangereux, toxique, à manier avec d'infinies précautions et si on pouvait s'en passer... L'ANDRA a répertorié 1210 sites contenant des déchets radioactifs, et ceux dont la radioactivité persiste entre 24000 ans et 16 millions d'années représentent 6000 m^3, un tas d'ordure effrayant. « *Le nucléaire est un système énergétique à fortes contraintes, dépendant beaucoup des transports. (...) C'est une industrie nationaliste, une industrie pour la guerre, une industrie pour la prolifération, une industrie qui incite au terrorisme* » affirme Yves Cochet sans avoir tort une seule seconde. Militarisé, le nucléaire est un démon en bouteille fragile. Civilisé, il mérite les soins les plus vifs, l'Ukraine en sait quelque chose. Mais pragmatisme oblige, regardons les chiffres de la fourniture énergétique : c'est le SEUL moyen technologique en mesure de fournir suffisamment d'énergie sans compromettre le climat. Dans la situation post-déplétion que l'ancien ministre Yves Cochet dépeint avec un réalisme tragique dans *Pétrole Apocalypse*, l'État (au sens générique) perd sa puissance, ses prérogatives sont rognées faute d'énergie et le monde retourne forcé et contraint à un Moyen-âge famélique, en ayant décapité la fée Pétro-électricité. Il avoue lui-même que la maintenance des produits sophistiqués assurant le peu de couverture électrique encore disponible deviendrait impossible : « *Dans une période « post-déplétion » qui s'organiserait, il serait imprudent d'imaginer pour la fourniture énergétique des alternatives de longue durée à base de produits technologiques sophistiqués telles que les éoliennes ou les cellules photovoltaïques : la disparition assurée des services de réparation et de maintenance mettraient ces installations à la merci de la première panne* ». Comment se relever dans de telles conditions ? Comment empêcher le règne du brigandage et de la destruction à la « Mad Max » ? Le nucléaire, s'il continue d'assurer ses fonctions, en admettant que toutes les ressources étatiques soient focalisées sur la pérennité de cette ressource, serait LA bouée de sauvetage. L'électricité, même rationnée, garantirait la communication, le fonctionnement des ordinateurs, des hôpitaux, la mécanisation jugée essentielle. Cette force étatique serait un gage de la cohésion, car dans cette période nous aurons besoin de plus d'État contre la force de dislocation qui moyenagiserait la France, l'Europe et le monde.

Le problème de la fin du pétrole se conjugue dans la même période temporelle avec le « surchauffement », ce qui vient compliquer singulièrement les tentatives pour venir le solutionner. L'arrêt du surchauffement, c'est l'arrêt de la combustion du trio pétrole-gaz-charbon, de sorte que le nucléaire devient un atout unique, surtout en France, parce que rien d'autre ne fonctionne à l'échelle de nos besoins dans l'état actuel des connaissances : exit l'éolien, le biocarburant, la géothermie, le solaire et *tutti quanti sympathico-renouvelable*. Mais cela soulève un problème de taille hors les pays nucléarisés, c'est-à-dire la majorité de la planète : une fois que les ennuis d'approvisionnement pétro-gaziers auront commencé, comment résister à l'attrait du « nouveau charbon » qui apparaîtra peut-être comme le « sauveur » de la civilisation ? Comment résister à la pression sociale qui exigera une sortie de crise rapide ? Comment résister aux besoins primaires de l'économie qui se jettera sur le charbon comme un affamé sur un bout de pain ? À échéance d'un ou deux siècles, ce choix sera mortel, ne l'oublions pas. En effet, cette orientation, qui est celle du plus faible effort, ne conduira qu'à une auto annihilation de l'espèce homo sapiens dans un flash de shoot au carbone.

Comment résister ? Avec l'énergie nucléaire et le choix d'employer la surgénération qui s'affranchit de la pénurie d'uranium.

Pour conclure avec les idées écologistes, qui attirent pourtant ma sympathie, nous apprenons que Nelly Olin, la ministre de l'écologie du gouvernement Villepin, a tenu parole : l'ours Balou et 3 de ses congénères ont été réintroduits dans les Pyrénées (plus un cinquième à venir), contre l'avis du conseil général des Hautes-Pyrénées. Dominique Voynet était de la fête. Sauvons les ours et les loups, et dépensons toute notre énergie à cette noble tâche ! Voilà en substance le travail effectif des écologistes, avec pour contrepartie la montée de l'exaspération du public et la lutte sans merci des bergers. Au lieu de s'occuper de la « première » espèce en danger d'extinction proche, l'homme, les Verts se dépensent sans compter pour la réintroduction de 5 ours emblématiques. Certes, l'homme ne peut survivre sans la biodiversité, et sauver des espèces en voie de disparition demeure une cause à défendre. Toutefois, les bergers, pratiquants attentifs de la nature, éprouvant des sentiments d'affection pour leurs troupeaux, suscitent une révolte légitime qui, en levant une puissante opposition à la fois communautaire et publique, sape les efforts des écolos et rendent ce résultat discutable. En faisant fuir l'électeur, les conceptions vertes sur la décroissance ne peuvent plus progresser. Ce choix politique de donner priorité à la sauvegarde de l'ours, au détriment de la sauvegarde de l'homme, me paraît irresponsable en ces temps d'urgence. Car le temps presse : il faut agir maintenant ou il sera trop tard, dès le début de ce siècle au risque de perdre la bataille de la survie du plus grand nombre. Monopoliser les ressources devient urgent pour affronter le danger. Le parti des Verts se trompe de cible, il ne met pas les priorités au bon endroit, il gaspille son énergie ET sa crédibilité et, pour ainsi dire, devient lui-même un empêcheur, un pollueur qui ne paie pas son dû.

En somme, la constatation navrante est qu'aucun parti politique ne réunit sur son programme à la fois la remise en question du paradigme de la croissance et la nécessité de persistance de l'atome civil. À l'exception du parti communiste me direz-vous, mais un vernis de couleur vert aujourd'hui, électoraliste car dans l'air du temps, peut-il effacer les décades staliniennes d'hier ?

Alors, que vaut-il mieux assumer : être UMP « décroissant » ou PS « décroissant » ? Ou Vert « nucléaire » ? Malheureusement, ni l'un, ni l'autre de ces oxymores n'ont de sens, c'est la quadrature du cercle politique.

Rebondissement

Le 7 novembre 2006, Nicolas Hulot fait connaître son pacte de cinq propositions : un vice-Premier ministre en charge du développement durable, une taxe sur le carbone (il faut diviser les émissions de CO_2 par 4 en France), une réorientation des subventions agricoles, plus de démocratie participative, et une nouvelle politique d'éducation (qui parle enfin des réalités planétaires). Tout cela est magnifique. Par ailleurs, son discours sur le nucléaire est pragmatique, il refuse le démantèlement et ne jette pas le bébé nucléaire avec l'eau du bain. Sa côte d'amour auprès des Français, due en partie à sa popularité, en partie à la résonance que trouve son discours parmi les gens, lui offrait une position de force dans le jeu des présidentielles. Il a décidé d'en jouer, habilement et puissamment, Je retire donc ce que j'ai dit : il existe une issue politique qui rompt la quadrature du cercle. Aussi, quelle que soit la forme que prendront les évènements, je le soutiendrai.

Jadis, d'une politique, même mauvaise, on n'en crevait pas, à présent, si.

9.
Conclusion

En résumé, telle que la situation se présente, la grande déplétion entre 2010 et 2020 qui suivra le pic de Hubbert va nous renvoyer au moyen âge avec des risques aggravés d'escarmouches militaires. Si notre race n'a pas la tentation de remédier au manque de pétrole par le charbon, elle aura quelques maigres chances de survivre. Dans le cas contraire, ce sera l'extinction pure et simple à l'échéance de deux siècles, et l'emballement climatique pourrait alors transformer notre Terre en fournaise vénusienne.

La plupart des enjeux de sociétés, qui relèvent parfois de simples choix techniques, sont abordés et discutés par les politiques face au public. Gardant mes opinions en la matière, je n'alourdirai pas le sujet sachant que débat il y a, et c'est là l'essentiel. Pour le reste ? Point de débat car point d'information. Dans son *Essai d'exploration de l'inconscient*, Carl Jung écrit « *J'ai déjà signalé l'existence chez les peuples primitifs, de ce que les anthropologues appellent "le misonéisme", c'est-à-dire une peur profonde, superstitieuse, de la nouveauté. Les primitifs ont la même réaction que l'animal sauvage devant les évènements désagréables. Mais l'homme civilisé réagit de la même façon devant les idées nouvelles, en élevant des barrières psychologiques pour se protéger contre le choc d'affronter une nouveauté* ». De cette façon, nous avons enfilé des œillères psychologiques, et à l'instar des autruches, nous nous cachons des dangers que recèle l'ultime modernité.

Comme l'analyse le philosophe Yves Paccalet, « *Maints éléments laissent supposer que l'Homo Sapiens ne passera pas le XXIème siècle. Nous risquons gros si nous continuons à nous entre-tuer, sous prétexte de croissance et de progrès, à détruire notre maison commune par nos saccages et nos pollutions. Guerre nucléaire ou réchauffement climatique, effondrement de la biodiversité ou empoisonnement de l'air et de l'eau, destruction de la couche d'ozone ou libération de germes microbiens mortels : nous serons la première espèce qui s'anéantira elle-même. (...) Nous étions 4 milliards après la seconde guerre mondiale. Nous sommes 6 milliards et demi, nous serons 8 milliards en 2025... Impossible à la Terre de supporter ce tsunami de bébés braillards, d'adultes bagarreurs et de vieillards rancis. Un milieu fini, comme celui de notre globe, ne saurait tolérer une croissance infinie. La nature, que nous avons crue dominée, se vengera et nous collera une grande claque. À moins que nous n'acceptions ce dont nous ne voulons même pas entendre parler aujourd'hui : la décroissance rapide, la satisfaction par le peu, le partage. En un mot, la paix...*

Comme le disait le philosophe français du XVIIIème La Mettrie : "je déplore le sort de l'humanité d'être, pour ainsi dire, entre d'aussi mauvaises mains que les siennes." »

Regarder la réalité en face, quand elle est suprêmement déplaisante, a toujours été douloureux. Et, l'homme, par nature, cherchant à éviter ce qui fait mal, préfère regarder ailleurs : non, je n'ai rien vu, tout va bien ! Nous préférons continuer à jouer comme auparavant les règles d'un sport connu plutôt que d'avoir à en inventer d'autres. À l'instar des enfants qui vivent uniquement l'instant présent et sont dans l'incapacité de se projeter dans l'avenir – ça, c'est aux parents de l'assumer – nos contemporains vivent dans une bulle de présent qui ne s'étend pas à plus de deux ans dans le futur. Pour eux, 20 ou 30 ans, cela relève de la génération suivante, pas de la leur, et ils n'ont pas tort. À chacun ses emmerdements, les gosses prendront bien la relève et trouveront ce qu'il faut pour remédier à la situation, comme on l'a toujours fait, non ?

Si les politiques n'ont pas de solutions prêtes à l'emploi, on leur pardonne pourtant volontiers, les sujets sont mondialisés, transverses, complexes et interconnectés… Ce que nous ne pouvons PAS leur pardonner, c'est de jouer à l'autruche : d'être ignares et de laisser le peuple dans l'ignorance.

C'est un débat de société. Mesdames et Messieurs les politiques : organisez l'information, le débat citoyen. Nous ne vous demandons pas de prendre de graves décisions impopulaires, nous vous demandons de nous demander NOTRE avis sur ces questions fondamentales qui engagent l'avenir de la planète Terre, et pour ce faire, de nous INFORMER. C'est PLUS d'État dont nous allons avoir besoin pour canaliser les énergies dans une stratégie ambitieuse de transition énergético-climatique. Dans le cas contraire ces énergies se retrouveront dans la rue pour tout casser.

Si nous ratons le coche – c'est maintenant qu'il faut agir ! – au rythme où va la croissance de la consommation fossile et au rythme où elle sera freinée (très lentement, même avec une prise de conscience généralisée), nous mettrons l'espèce humaine en grand danger.

Ne tentons rien aujourd'hui, et nous serons maudits par notre descendance… Si elle voit le jour.

« *Nous avons un seul devoir, celui d'être lucide. Ou bien nous accompagnons les mutations écologiques ou bien nous les subirons.* »

Nicolas Hulot.

« *Nicolas Hulot ne répond pas seulement à un mouvement d'opinion, mais à un phénomène moral. La prise de conscience écologique, c'est aussi un retour du sacré, et la fin d'un appauvrissement spirituel.* »

Pierre-André Taguieff, philosophe.

Post-scriptum

Il manquait à ce livre achevé en octobre 2006 la suite du feuilleton présidentiel. Mon éditeur m'a permis d'insérer ce post-scriptum dans le but de combler une partie de ce déficit.

Curieusement, Nicolas Sarkozy s'est ouvert à l'écologie le lendemain du plan proposé par Nicolas Hulot devant les médias le 7 novembre 2006. Dans sa tribune du *Figaro* du lendemain, il avoue que *« notre avenir est menacé par le réchauffement climatique »*, pour enchaîner par l'illustration de son action dans ce domaine : « j'ai demandé que les véhicules de police soient approvisionnés en biocarburants et que l'on prenne les dispositions pour que les documents électoraux soient imprimés su du papier éco-responsable ». Bravo, quelle mesure phare, à la hauteur du problème posé ! Plus loin, il ajoute : « nous pouvons au minimum, sur 5 ans, doubler la fiscalité écologique ». La messe est dite, bon populiste, Sarkozy surf sur la vague verte, mais il n'est pas le seul. Fabius, lui, offre carrément la place de vice premier ministre à Hulot, ayant désespérément besoin de remonter la pente dans les sondages. Ca ne lui suffit pas pour gagner les primaires socialistes que Ségolène Royal emporte haut la main. Puis les choses s'accélèrent, Nicolas Sarkozy rejoint Marie Georges Buffet, Dominique Voynet, Ségolène Royal et François Bayrou qui signent tous la charte verte d'Hulot.

ANNEXE I

Réduire l'émission des gaz à effet de serre à 3 milliards de tonnes, source Jean-Marc Jancovici :

Le GIEC a publié en 1996 la conclusion suivante : pour arrêter d'enrichir l'atmosphère en gaz carbonique, **il faut que les émissions humaines de CO_2 redescendent en dessous de la moitié des émissions de 1990**. Arrêter d'enrichir l'atmosphère en gaz carbonique, c'est stabiliser la quantité de CO_2 dans l'air qui actuellement croît sans cesse, cela ne signifie pas que nos émissions cessent de perturber le climat. C'est donc plus un minimum qu'un objectif.

Pourquoi faut-il redescendre à ce niveau ? Actuellement, 3 Gt par an correspondent à ce que les puits naturels de carbone peuvent absorber (océans pour une partie, écosystèmes continentaux pour le reste) ; en d'autres termes la nature ne sait pomper seule de l'atmosphère que 3 Gt de CO_2, et tout ce que l'homme ajoute dans cette dernière y reste. Nous pouvons donc statuer que si nous n'émettons pas plus de 3 Gt la concentration en CO_2 stoppera sa progression ; ce qui en réalité est approximatif puisque tant pour les puits continentaux qu'océaniques, cette absorption diminue avec la hausse de la température : une eau plus chaude dissout moins bien le CO_2, et dans un climat plus chaud le surplus de croissance de la végétation compense moins une décomposition accélérée des végétaux morts et de l'humus du sol, producteur de CO_2. Comme la température est condamnée à augmenter à l'avenir, cela signifie que les puits vont s'affaiblir avec le temps, même avec des émissions stabilisées.

La conséquence de cette dernière caractéristique, c'est que diviser les émissions par 2 permettrait de se mettre au niveau **actuel** des puits, mais qu'ensuite il faudrait continuer l'effort de diminution puisque les puits s'affaibliront avec le temps, la catastrophe potentielle du scénario de l'emballement étant que les puits se transforment en sources de CO_2 en cas de réduction trop lente et trop laxiste.

En se basant sur la dimension actuelle des puits, qu'est-ce que cela signifie de n'émettre que 3 Gt d'équivalent carbone par an pour le seul CO_2 ?

3 milliards de tonnes d'équivalent carbone pour 6 milliards d'individus représentent, équitablement répartis, 500 kg d'équivalent carbone de CO_2 par personne et par an.

Par rapport aux émissions actuelles, 500 kg équivalent carbone par habitant et par an représentent, pour le seul CO_2 :

– moins de 10 % des émissions 1998 d'un Américain, qui devrait donc diviser ses émissions par près de 12 pour participer équitablement à l'effort de réduction mondial nécessaire,

– entre 15 et 20 % des émissions 1998 d'un Allemand ou d'un Danois (les Danois sont les premiers émetteurs de gaz à effet

de serre par habitant de la CEE !), qui devraient donc diviser leurs émissions par 6,
– 20 % des émissions d'un Anglais, qui devra donc diviser les siennes par 5,
– environ 25 % des émissions d'un Français, ou d'un Suisse, ou d'un Suédois, où c'est une division par 4 qui permet de participer équitablement à l'effort de réduction mondial (c'est le fameux "Facteur 4" à atteindre)

Avec les technologies actuelles, il suffit, pour atteindre ce droit maximal à émettre sans perturber le climat (de 500 kg d'équivalent carbone de CO_2), de **faire UNE SEULE des actions suivantes par personne et par an :**
– faire un aller-retour de Paris à New York en avion,
– acheter 50 à 500 kg de produits manufacturés (soit au plus le tiers d'une petite voiture, moins s'il y a beaucoup d'électronique ou de matériaux rares).
– acheter 1,5 micro-ordinateur à écran plat,
– utiliser 2 tonnes de ciment (une maison moderne de 100 m^2 en nécessite 10).

Ce niveau de 50 % des émissions de 1990 n'est pas négociable car il dépend de données physiques. Tant que nous n'y redescendons pas, la concentration en CO_2 dans l'atmosphère ne cesse d'augmenter, et les ennuis futurs également. On voit donc que Kyoto n'est qu'un timide et très insuffisant premier pas.

« *Cette décroissance peut-elle être volontaire, ou attendrons-nous que des événements non souhaités s'en chargent à notre place, probablement dans des conditions bien moins agréables alors ?* » questionne Jean-Marc Jancovici, une question que nous nous posons tous avec un réalisme, disons-le, fortement teinté de pessimisme.

Notons que cette convergence vers 500 kg équivalent carbone par personne et par an est souhaitée par un acteur significatif du monde en développement : Anil Agarwal, directeur du *Center for Science and the Environment*, décédé en janvier 2002. L'idée que les pays pauvres doivent rejoindre le mode de vie actuel des pays riches, est donc combattue par au moins une personnalité issue des pays pauvres.

Les températures continuent de monter après 2100

Avec les scénarios utilisés aujourd'hui, toutes les modélisations prédisent une évolution extrêmement brusque, voire brutale, de la température. Cette élévation se poursuivra inéluctablement bien au-delà de 2100. À terme, l'élévation pourrait être le triple de celle en 2100.

Si l'on regarde ce que donnent les modèles non plus sur un siècle mais sur une durée plus longue (quelques siècles), l'augmentation de température pourrait fort bien dépasser 10° C lorsque le maximum sera atteint, dans l'hypothèse haute où nous émettrions des quantités sans cesse croissantes de gaz à effet de serre pendant le siècle en cours.

Bien sûr le modèle ne reste pas forcément valable pendant des siècles, mais on peut alors raisonner de la manière suivante :

– soit notre système climatique reste à peu près ce qu'il est avec une telle augmentation de température. La prolongation du modèle, qui représente le système climatique, est donc valide à cette échéance, et un tel maximum n'est pas à exclure. Les conséquences possibles engendrées par une telle augmentation

– que la terre n'a probablement jamais connue depuis qu'elle héberge de la vie – en un laps de temps si court ne permettraient vraisemblablement pas le maintien de notre forme actuelle de civilisation et la vie confortable – voire la survie pour une partie – de quelques milliards d'hommes sur la Terre.
– soit le système climatique se modifie profondément bien avant, par suite d'une modification brutale d'une de ses composantes (voir risques et puits en Annexe IV). Du coup le modèle, qui représente le système actuel, n'est plus valide, et nous entrons alors dans l'inconnu, qui peut être plus agréable, mais aussi... encore plus désagréable que ce que prévoit le modèle.

ANNEXE II

Le naufrage du Koursk

Le film de 70 minutes du réalisateur Michel Carré « *Un sous-marin en eaux troubles* », consacré au naufrage du Koursk, survenu en août 2000 dans la mer de Barentz, a été diffusé sur la chaîne France 2 le 7 janvier 2005. Le réalisateur y dévoile une version du naufrage aux antipodes de la déclaration officielle servie à l'opinion mondiale, y compris à l'opinion russe. Plusieurs sources s'accordent sur les grandes lignes de l'histoire et rejoignent Carré dans son interprétation, le physicien Jean-Pierre Petit par exemple qui fut l'un des premiers à remettre en doute les explications de la marine russe.

Le Koursk est un sous-marin gigantesque, de la taille d'un terrain de football. On le surnomme le « tueur de porte-avions » parce qu'il dispose de missiles de croisière (mer-mer) Granit ultramodernes, capables de filer à Mach 2 en évoluant au ras de l'eau, portant chacun une demi-mégatonne, c'est-à-dire l'équivalent de cinquante fois la puissance d'Hiroshima.

Aucun navire ne pourrait espérer en réchapper, le contact avec la cible n'étant pas même nécessaire étant donné la puissance de la déflagration. Mais ce qui fait l'intérêt de l'armement du Koursk se situe ailleurs : les tubes de tir ont été élargis à un mètre de diamètre pour accueillir une torpille super-véloce. Sur ce point, les avis divergent. Pour Michel Carré, il s'agit d'une torpille au peroxyde d'oxygène, avec de l'eau oxygénée pour comburant ; la Sqwal se propulsant à la manière d'une fusée sous l'eau en créant un film gazeux autour d'elle, le long de sa progression. Ce à quoi Petit rétorque que la torpille Sqwal est un modèle dépassé qui date de 30 ans, les Américains disposant d'un équivalent dans la torpille Supercav. D'après le physicien, spécialiste de la MHD (Magnéto-Hydro-Dynamique), la torpille du Koursk serait un modèle MHD, capable d'atteindre des vitesses incroyables au sein du milieu liquide. Quelle que soit la véritable technologie de pointe qui équipe cette torpille de haute vélocité, l'essentiel est qu'elle se trouve au centre de négociations commerciales entre la Russie et la Chine. Le Koursk, passé en immersion périscopique, s'apprêtait à effectuer devant des observateurs chinois une démonstration des capacités de la torpille. D'après ce que des agents de la DGSE auraient déclaré à Petit lors d'une conversation en tête à tête, des officiels chinois avaient rejoint le sous-marin en hélicoptère après son départ de Mourmansk. L'un d'eux était général. Des Arabes les accompagnaient également, mais la DGSE avouait ne pas connaître leur pays d'origine. Ce qui se passa ensuite n'est pas l'explosion accidentelle d'une des torpilles, loin de là. En réalité, les États-Unis suivaient l'affaire de très près, plusieurs sous-marins américains étaient sur la zone de manœuvre. Washington avait donné ses ordres, les Russes ne devaient en aucun cas vendre cette technologie aux ennemis de demain : les Chinois. Cette technologie, même en équipant de vieux sous-marins bruyants de la classe Han, leur aurait donné un avantage décisif dans tout conflit maritime, spécialement dans la zone Pacifique où les États-Unis règnent sans partage. Le représentant de l'honorable agence française aurait précisé : « *Les Américains ne craignent qu'une chose, maintenant : que les Russes dotent les Chinois en technologies de pointe, qu'ils accélèrent leur développement. Ils sont assez actifs au plan du renseignement. Quand des trucs doivent être transportés, c'est par sous-marins. Quand les Américains veulent contrecarrer cela, ils coulent le sous-marin russe, carrément.* »

Un sous-marin nord-américain a donc coulé le Koursk, ce qui, au passage, aurait pu provoquer une riposte nucléaire de la Russie, mais Clinton aurait immédiatement calmé Poutine en lui promettant de forts dédommagements (saluons le sang-froid des Russes qui auraient pu appuyer sur la gâchette avant de demander une explication). De quelle manière le géant des mers fut-il abattu ? Cela demeure un mystère. Le film de Carré montre une fusée propulsée à poudre tandis que le commentaire évoque un modèle américain MK-48. Or la MK-48 est un ancien modèle à hélice. Jean-Pierre Petit affirme qu'il est impossible que le Koursk ait été coulé par une torpille à poudre, parce qu'on n'a pas enregistré le bruit infernal de ces engins quand, avant l'impact, ils crachent du gaz à haute température, très turbulent dans l'eau. Petit penche plutôt vers une technique de « tir de contact », une sorte d'abordage avec détonation d'une charge creuse qui met en mouvement rapide une surface métallique générant une onde de choc agissant comme un « ouvre-boîtes ».

Selon Carré, lorsque le navire amiral *Pierre le Grand*, commandé par l'amiral Popov, aurait été averti du naufrage, il se serait éloigné du site au lieu de se porter sur les lieux. Tout ceci devenait une affaire d'État, la présence des acheteurs Chinois à bord devait être cachée. Dès lors, on interprète mieux l'attitude des Russes qui déployèrent une série de stratagèmes pour laisser l'équipage du Koursk périr (une partie de celui-ci était encore en vie, des SOS frappés sur la coque auraient été entendus pendant des jours) et refuser les aides offertes par les nations occidentales.

La profondeur à laquelle le Koursk, long de 154 mètres, reposait était est ridiculement faible : 108 mètres. Compte tenu de sa hauteur, le pont supérieur se situait à seulement 80 mètres de la surface. Pendant la guerre de 39-45 des évacuations à 60-80 mètres de profondeur étaient monnaies courantes, avec des systèmes individuels peu sophistiqués. Aujourd'hui les sous-marins disposent d'équipements individuels permettant d'évacuer leurs équipages à des profondeurs atteignant 600 mètres. Seule explication : le croiseur Pierre le Grand aurait envoyé au Koursk un ordre codé verrouillant toutes ses issues. Pendant des dizaines d'heures les Russes ont prétendu ne pas localiser l'épave alors qu'il est aisé de distinguer une telle masse dans un fond aussi faible.

Par la suite, lors du renflouement du submersible, les plongeurs étrangers avaient l'interdiction absolue de s'aventurer à l'avant du sous-marin. L'avant a été ensuite découpé par les Russes puis remonté. Comme le souligne Petit, « *ce ne sont pas des considérations humanitaires qui ont amené les Russes à renflouer le Koursk. Il fallait récupérer les missiles Granit et leurs charges thermonucléaires. Il y avait aussi la ou les torpilles MHD ainsi que les tubes de tir, élargis à un mètre de diamètre* ».

En résumé, l'histoire du Koursk fut le résultat d'une attaque américaine visant à dissuader les Russes d'exporter des technologies avancées en direction de la Chine, ce qui donna lieu à un immense mensonge d'État et, accessoirement, aux conditions normalement susceptibles de déclencher une guerre nucléaire majeure.

ANNEXE III

La guerre d'Iran : fiction romanesque qui, je l'espère de toute mon âme, n'arrivera jamais…

L'Iran détient le deuxième stock de pétrole au monde

Facteurs majeurs déclencheurs de la prochaine conquête américaine de l'Iran :

L'émergence du futur ennemi des États-Unis : la Chine (le meilleur moyen pour ralentir et contrôler sa croissance est de tenir les robinets du pétrole).

L'assèchement des gisements de pétrole et d'uranium (le contrôle d'une énergie rare est la clé de la domination mondiale).

La crise du dollar à venir (si Washington ne met pas le holà à la volonté iranienne d'ouvrir une bourse du pétrole en euros, l'Amérique court vers une crise financière de grande intensité).

Facteurs mineurs déclencheurs de la prochaine conquête américaine de l'Iran :

Annexe 3

LA FIN DU PACTE AMÉRICANO-SAOUDIEN : PÉTROLE CONTRE PROTECTORAT, ET L'HOSTILITÉ CROISSANTE DE L'ARABIE SAOUDITE ENVERS WASHINGTON

LE CONTRÔLE MOMENTANÉ DU POUVOIR PAR LES FAUCONS AUX ÉTATS-UNIS

PRÉTEXTES POUR ATTAQUER L'IRAN :

LE DÉVELOPPEMENT DE L'ARME NUCLÉAIRE EN IRAN

UN PAYS TERRORISTE (NUM 1 DE L'AXE DU MAL (*)).

1 – Le coup d'envoi

Une guerre contre l'Iran ? Le chef de la diplomatie britannique jack Straw estimait que l'hypothèse « *était tout simplement dingue !* » Georges W. Bush déclara qu'il s'agissait là de « *spéculations fantaisistes* ». Quant à Rumsfeld, il parla d'univers imaginaires, de *fantasyland*...

En effet, ni l'armée américaine, ni le peuple américain n'étaient prêts à marcher sur l'Iran, après avoir marché sur l'Irak au son du mensonge des « *armes de destruction massives* » et après avoir vu quel gâchis cela avait été. Un sondage USA Today/CNN Gallup réalisé au début du mois de février 2006 montrait que 86 % des Américains interrogés n'étaient favorables à aucune action ni au recours à des sanctions diplomatiques ou économiques contre l'Iran.

(*) le 17 mars 2006 un document de la Maison Blanche définissant la stratégie pour la sécurité nationale place l'Iran en tête de liste des pays qui constituent une menace pour les intérêts américains dans le monde.

Mais Bush en avait décidé autrement. Sachant qu'il ne pouvait pas se représenter aux élections en 2008 à cause de ses deux mandats, et se considérant comme le seul responsable susceptible d'avoir le « courage » d'empêcher l'Iran de se doter de l'arme atomique, il allait agir. La situation américaine n'étant pas propice à une nouvelle aventure militaire, il laissa donc la pression monter, monter…

Le bureau de la propagande fit du bon boulot. L'Europe se cassa les dents à tenter de négocier par la voie diplomatique avec l'Iran, tant et si bien que la population européenne, inondée quotidiennement de nouvelles alarmistes par les médias, finit par être dans l'état d'esprit souhaité. Ainsi que l'Américaine, cela va de soi.

Le président Iranien lui-même n'y fut pas pour rien et joua un rôle de premier plan, ce qui combla de joie le groupe des faucons. Tout d'abord, sa rhétorique antiisraélienne s'était embellie de jour en jour. Cela avait débuté le 27 octobre 2005, lors d'une conférence à Téhéran, où il avait déclaré « *Comme l'a dit l'imam Komeyni, Israël doit être rayé de la carte* ». Une méprise ? Que nenni, « *Israël est condamné à disparaître* », avait-t-il surenchéri le 14 avril 2006 à l'occasion d'une conférence que la république islamique organisait en solidarité avec le peuple palestinien. Puis Ahmadinejad avait appelé les pays européens à accueillir tous les juifs d'origine européenne qui s'étaient installés en Israël, et avait comparé Israël à « *un arbre pourri et asséché, qui sera anéanti par une tempête* », et, cerise sur le gâteau, nié l'existence de l'holocauste. Du pain béni pour les faucons qui n'en demandaient pas tant. « *Ses propos rappellent ceux de Saddam, et il finira comme lui* », avait rétorqué Shimon Pérès, numéro deux du parti Kadima et extralucide par moments. En actes comme en paroles, Ahmadinejad avait été au-delà des espoirs les plus fous des faucons : il avait fichu dehors l'AIEA, pour s'empresser d'enrichir son uranium chéri. Enrichi à 3,5 %, pour le civil ! avait-on entendu, avant le faux pas du 17 avril 2006, celui des centrifugeuses pakistanaises P2, prêtes à faire du 90 % bien militaire, que l'Iran avait toujours nié posséder. Bel aveu. Il était clair que l'Iran allait avoir sa bombinette vers 2008 selon les renseignements israéliens, une information dûment répercutée dans au moins 678 magazines occidentaux. Avec, en bonus, la révélation du développement du missile Shahab-4 destiné à emporter son joujou nucléaire vers les cieux. Voilà, tout le monde était au courant. On savait même que les travaux étaient poursuivis par le Shahid Karimi Industrial Group au sein du complexe industriel d'Hemmat au nord est de Téhéran, qu'un récent rapport de la CIA au Congrès stipulait que la Russie jouait un rôle important dans le développement des missiles balistiques iraniens, allant jusqu'à son autosuffisance dans la fabrication - ouh les méchants - ainsi que le nom des entreprises chinoises et nord-coréennes suspectées de collaborer au programme nucléaire iranien.

Tout était prêt, il y avait les bons, et les méchants. Et Bush, en homme prévoyant, avait signé les plans de bombardement de l'Iran dès juin 2005, et autorisé la Réserve Fédérale en mars 2006 à ne plus publier l'indicateur M3 du nombre de dollars en circulation dans le monde, ce qui lui permettait depuis lors de faire tourner la planche à billets à toute allure pour se payer une nouvelle parure de cow-boy toute neuve ! Yeeah !

2 – Le bombardement des sites nucléaires

Le 3 avril 2007, Amir Peretz, ministre de la défense du gouvernement d'Ehoud Olmert, et chef du parti travailliste, faillit donner sa démission. Il faut dire que le 23 octobre 2006, le chef du gouvernement israélien avait nommé au poste de vice premier ministre en charge des affaires stratégiques sur le nucléaire iranien Avidgor Lieberman, leader du parti d'extrême droite « Israël Beitenou » (« Israël, notre foyer »). Avigdor Lieberman, connu pour ses thèses racistes antiarabes, était celui qui avait proposé le 21 janvier 2001 de bombarder Téhéran et le barrage d'Assouan, et qui prônait depuis longtemps une action militaire décisive contre les installations nucléaires iraniennes. Le ministre du parti travailliste Ophir Pines-Paz s'était dit scandalisé, estimant qu'un « *tel ministre des affaires stratégiques était une blague, Liebermann lui-même étant une menace stratégique* ». Sous la pression des électeurs travaillistes, Peretz était en passe de rompre la coalition du gouvernement d'Olmert, mais ce dernier utilisa l'argument de « l'alliance sacrée » face à la bombe nucléaire iranienne, et Peretz préféra rester à son poste dans ces conditions, pour tenter de juguler les dérives extrémistes.

Le 12 mai retentit le cri de guerre : Yeaah, go !

Des bombardiers B-1, B-2, B-52, et des F-117 furtifs décollèrent de Diego Garcia dans l'Océan Indien, du Qatar, de Grande-Bretagne. 70 chasseurs bombardiers israéliens décollèrent de Judée, accompagnés par 5 avions ravitailleurs Hercules C-130. Ils avaient un long voyage devant eux, six ou sept heures de vol. Le 7 juin 1981 des avions israéliens avaient détruit le réacteur nucléaire expérimental irakien Osirak, situé près de Bagdad, dans le rayon d'action de la chasse israélienne. Mais les objectifs iraniens étaient eux en limite de portée des bombardiers de Tsahal. Les Israéliens possédaient trop peu de missiles de croisière capables de frapper l'Iran, une grande part du travail reposait donc sur l'aviation. Or les avions devraient survoler des pays dotés de systèmes de détection : une route de 1 500 kilomètres par la Jordanie et l'Irak, 2 000 par l'Arabie saoudite, plus de 2 500 en faisant un détour par la Turquie. C'est ce dernier trajet qui avait été privilégié, la Jordanie et l'Arabie saoudite avait carrément refusé leur survol tandis que la participation de la Turquie à l'opération militaire américano-israélienne résultait d'un accord conclu en 2005 entre Ankara et Tel-Aviv. Accord obtenu suite à un sacré marchandage : les Turcs avaient obtenu l'autorisation d'attaquer, le jour du déclenchement des frappes aériennes, les camps du Parti des Travailleurs du Kurdistan, en Iran.

Avec l'acquisition récente des versions longue portée des bombardiers F15 et F16, l'armée de l'air israélienne avait étendu son rayon d'action. Elle possédait aussi des capacités de ravitaillement en vol, mais ces moyens restaient limités et empêchaient de ravitailler en même temps les bombardiers, les chasseurs de protection et les avions de guerre électronique. Elle agissait donc de concert avec l'Air Force qui lui avait « prêté » 10 ravitailleurs. En février 2005, Israël avait acheté 500 bombes antibunker BLU-109 aux Américains, puis en avait racheté après le Liban, 250 d'entre elles remplissaient à présent les soutes des bombardiers. Au fait connaissez vous la réplique du chef d'état-major israélien alors qu'on lui demandait jusqu'ou Israël était prêt à aller pour stopper le programme nucléaire iranien ? Dan Halutz avait répondu : « *2 000 kilomètres* ».

Des équipes de commando américaines avaient opéré en Iran pendant des mois, exécutant des missions de reconnaissance secrètes pour se renseigner sur les sites nucléaires, chimiques et de missiles afin de préparer les frappes aériennes. Les cibles étaient repérées depuis longtemps. Les inspecteurs de l'AIEA avaient identifié 18 sites nucléaires, certains experts civils avaient avancé le chiffre de 70 sites. Cela comprenait également les sites abritant des laboratoires, des unités de recherche, des usines de fabrication de missiles, souvent enfouies au cœur des villes. Mais le Pentagone avait identifié 450 cibles stratégiques. Pourquoi autant ? Washington avait décidé de profiter de l'occasion pour anéantir non seulement les sites suspects mais aussi les installations militaires, les centres du pouvoir, afin d'ébranler le fondement du régime des mollahs, en espérant – espoir ô combien fou – déclencher un mouvement de rébellion contre lui. Mais comment abattre des sites éparpillés sur un territoire aussi vaste que 3 Frances, souvent protégés par un bouclier humain au cœur des villes, dissimulés dans des abris bétonnés à des dizaines de mètres sous le sol et à flanc de montagne ? L'option nucléaire s'était dès lors imposée d'elle-même pour ce qui concernait les installations hors des villes. Seules des ogives nucléaires étaient capables de détruire des bunkers enfouis sous 100 mètres de terre. La bombe B61-11 était la « réponse ». Version nucléaire de la BLU 113 classique, elle pouvait être lancée à peu près de la même manière que les bombes anti-bunker classiques, pénétraient à 2 ou 3 mètres sous terre, et explosait en provoquant une onde de choc capable de pulvériser une enceinte en béton profondément enterrée. Génial ! Boum, un tiers d'Hiroshima mon amour par ici ! Boum, un tiers d'Hiroshima mon amour par là ! Quand on aime, on ne compte pas. La principale usine d'enrichissement à Natanz n'allait pas y couper, ainsi que le réacteur de Bushehr. Pour Téhéran, Ispahan, Arak, on se contenterait d'une petite pluie de BLU-109, on ne pouvait décemment pas atomiser Téhéran, quoi que ce ne fût pas l'envie qui manquait...

L'attaque préventive avec les armes nucléaires tactiques était coordonnée par l'US Strategic Command et l'Offutt Air Force Base au Nebraska en collaboration avec des unités de commandement des États-Unis et de la coalition du golfe Persique, de la base militaire de Diego Garcia, d'Israël et de la Turquie. L'US Strategic Command avait pour mandat de superviser un « plan d'attaque global » qui prévoyait à la fois l'utilisation d'armes classiques et d'armes nucléaires. Quant à la Joint Functional Component Command Space and Global Strike (JFCCSGS), elle avait pour mission de superviser le déclenchement d'une attaque nucléaire conformément à la Nuclear Posture Review (NPR) adoptée par le Congrès en 2002. Celle-ci prévoyait la possibilité d'une utilisation préventive d'ogives nucléaires non seulement contre les « états voyous » mais contre la Russie et la Chine. La mise en œuvre opérationnelle d'une attaque globale est appelée Concept Plan (CONPLAN). Le Concept Plan est décrit comme « *un plan concret que la marine et l'armée de l'air traduisent en attaques coordonnées de leurs sous-marins et de leurs bombardiers.* » La mission du JFCCSGS était de mettre en œuvre le CONPLAN 8022, dirigé contre l'Iran. Le Commandant en chef des Forces armées, George W. Bush, avait chargé le Secrétaire à la Défense qui, à son tour, avait chargé les chefs d'état-major des trois armées de l'activer. En route pour le plus beau feu d'artifice depuis Nagazaki !

De son côté, Israël avait envoyé ses 3 sous-marins Dolphin, dont un revenait d'une escale à Bombay, à portée de tir de missile de croisière de la Perse maudite. Ce que n'avait pas révélé la presse occidentale, c'est qu'ils étaient équipés de missiles Harpoon américains armés d'ogives nucléaires... Et oui, les Israéliens ne voulaient pas laisser passer l'occasion de tester leur meilleur cru. Rien de mieux qu'un test grandeur nature pour savoir ce que l'on a dans le calbar, n'en déplaise aux timorés comme Peretz !

Les « frappes chirurgicales » allaient être présentées à l'opinion mondiale comme un moyen d'empêcher l'Iran de fabriquer des armes nucléaires. On allait dire que ce n'était pas une guerre mais une opération militaire de maintien de la paix qui consistait à « neutraliser » les installations nucléaires iraniennes... Avec du nucléaire « tactique ». Refrain : C'est la tacatatique du gendarme !

La riposte iranienne, comme il fallait s'y attendre, se déchaîna.

La défense antiaérienne iranienne venait de bénéficier, pour un milliard de dollars, de la livraison par Moscou de 29 batteries de missiles Thor M-1 (sol-air de basse et moyenne altitude, capables de détruire deux cibles simultanément jusqu'à 12 kilomètres et 6000 mètres d'altitude, et suivre la trace de 48 cibles en même temps), et deux batteries S-300 sous le boisseau, des armes équivalentes aux Patriot PAC-3 (pouvant suivre 24 cibles et tirer 4 missiles en même temps). De surcroît, une fusée russe avait récemment placé en orbite un satellite espion, le Sinah-1, destiné à donner l'alerte en cas d'attaque aérienne. Le résultat fut que 26 avions américano-israéliens mordirent la poussière avant que les forces antiaériennes ne se taisent. Puis Téhéran réussit à lancer la moitié de ses missiles balistiques Shahab-3 de fabrication nord-Coréenne, capables d'atteindre des cibles à 2000 kilomètres. Une centaine partit vers Israël, et une cinquantaine se répartirent entre les monarchies du Golfe et les bases américaines en Arabie, en Irak et en Afghanistan. Israël, se défendit avec les systèmes Arrow, ce qui lui permit de limiter les dégâts à une vingtaine de quartiers détruits, à Tel-Aviv principalement. Les Américains ne perdirent pas grand-chose, à l'exception d'un porte-avions à moitié touché par un missile Sunburn de fabrication soviétique. Les destructions causées par les Shahab-3 furent essentiellement des dommages sur des installations civiles arabes des pays visés. Puis curieusement, tout s'arrêta là.

3 – La trêve

Cela surprit d'abord tous les commentateurs qui s'attendaient à une escalade. Le caractère fougueux et possédé (par Dieu) du président iranien s'était pourtant affirmé à travers ses déclarations au lance-flammes : « *l'armée coupera les mains de tout agresseur et lui fera regretter son agression* » avait-il lancé à la face des occidentaux. Devant un parterre de milliers de soldats il avait prévenu que « *l'armée iranienne est l'une des plus puissante du monde et qu'elle défendra avec forces les frontières politiques du pays et de la nation* ».

« *Si l'Iran était attaqué, les ennemis devront faire face à des armes dont ils ne soupçonnent pas l'existence* » avait affirmé de son côté le général Abdol Rahim Moussavi à l'agence de presse Fars.

Comme tous les experts le savaient, et le craignaient, l'atout iranien se situait dans une réponse qualifiée « d'asymétrique ». L'Iran était en position de fomenter une rébellion chiite en Irak contre les forces d'occupation, insurrection qui dépasserait en extension et en efficacité l'actuelle résistance menée par les sunnites. Les milices Basiji, fortes de plus de 7 millions d'hommes, avaient reçu des dizaines de milliers de fusils. Créé en 2004, le « comité de commémoration des martyrs », qui prêtait allégeance au guide religieux, prétendait avoir inscrit plusieurs dizaines de milliers de candidats à d'éventuels raids, dont des candidats martyrs kamikazes, prêts à aller enflammer le Liban avec le Hezbollah, la Syrie, la Palestine avec le Hamas, l'Arabie saoudite contre sa royauté à la botte des Américains, le Pakistan et l'Afghanistan en fomentant des attentats et en soulevant une rébellion populaire contre les gouvernements.

Et il y avait l'arme du pétrole. Si l'Iran coupait les robinets, l'or noir allait grimper au plafond, l'économie mondiale entrerait en crise et les États-Unis ne seraient pas épargnés…

Mais… rien. Les forces armées iraniennes campaient sur leurs positions, pas un coup de feu n'était tiré, le pétrole coulait encore.

Alors ?

Malgré les souhaits des faucons, le régime des mollahs ne semblait pas être en passe de devenir impopulaire et d'être renversé par une opposition profitant de l'occasion. Au contraire, le nationalisme iranien semblait plus fort que jamais. Il faut dire que l'Iran avait bonne conscience : l'Inde et le Pakistan s'étaient dotés de la bombe sans que cela provoque autant d'indignation internationale, alors même que l'Inde et le Pakistan n'avaient pas signé le traité de non-prolifération (TNP) au contraire de l'Iran : deux poids, deux mesures, ce qui était vécu comme une injustice. D'autant qu'un bonus semblait être accordé aux non-signataires du TNP lorsque l'on voyait la France et les États-Unis rivaliser en matière d'offre de coopération nucléaire à l'Inde ! Et puis, après toutes ces frappes, le pays comptabilisait ses morts en accueillant toutes les télévisions étrangères à bras ouverts : 10 000 cadavres. On mesurait les dégâts : un nuage radioactif au-dessus de la centrale de Bushehr se dirigeait vers le Golfe avec les vents dominants. Les retombées radioactives des « mini-nukes » antibunker promettaient un avenir tragique pour des milliers de personnes et des centaines de kilomètres carrés. L'Iran prenait le temps de faire le point tandis que les cours des bourses mondiales accusaient de sérieuses baisses et que le monde entier retenait son souffle avec un baril à plus de 110 dollars.

L'intervention militaire contre l'Iran entraîna une désolidarisation quasi immédiate des opinions publiques européennes, dans un contexte d'absence quasi complète de crédibilité de Washington depuis l'invasion de l'Irak. Les foules descendirent manifester dans les rues de toutes les grandes villes, y compris au Japon où le nucléaire était honni. Malgré les appels au calme des gouvernements, leurs opinions publiques se déchaînèrent. Face aux milliers de morts et d'irradiés, face au tabou du nucléaire que l'Amérique venait de briser, la réprobation populaire internationale se souleva. La solidarité des pays musulmans envers l'Iran s'afficha partout, y compris chez les musulmans habitant les pays occidentaux. Les États-Unis devaient faire face à une crise diplomatique sans précédent.

Les appels d'Ahmadinejad à la révolte et à la guerre sainte contre le grand Satan résonnaient sur toutes les radios, sur tous les postes de télévision. Sa première mesure d'éclat fut de déclarer un embargo « sélectif » sur la livraison du brut iranien, en excluant de ses clients tous les pays occidentaux ayant pris parti pour les agresseurs, puis elle fut de lancer à pleine puissance la bourse pétrolière et gazière en euros qui avait jusque-là eu tant de mal à trouver des clients.

Les analystes comprirent ce qui se produisait.

83 % des recettes du commerce extérieur et 32 % de celles de l'État Iranien provenaient du brut, et l'Iran en dépendait trop pour jouer au jeu de l'embargo total. Cela représentait 45 milliards de dollars en 2005-2006. Avec un taux de chômage de 30 % et des aides sociales tenues à bout de bras par la manne pétrolière, la paix sociale iranienne ne se maintenait que grâce aux rentrées de l'or noir. D'autant que pour des raisons techniques, stopper la pompe à pétrole comportait pas mal de risques. Les experts savent bien que lorsqu'on cesse de produire, on ne sait jamais dans quelles conditions on pourra recommencer. Mais en privilégiant ses clients asiatiques au détriment des autres, en se basant sur un pétrole beaucoup plus cher, l'Iran n'avait rien perdu de ses rentrées financières. Quant à la bourse en euros, par solidarité musulmane et antinucléaire, une quantité de nation commença à abandonner le pétrodollar pour l'eurodollar. La Chine se défit d'une part de ses bons au Trésor américain contre de l'euros, créant une panique boursière de plus et précipitant le dollar au plus bas.

Les faucons alliés aux pétroliers (américains et européens) avaient tablé sur le fait que l'envolée des cours du pétrole allait créer un vent de panique parmi les populations occidentales et qu'ils pourraient en tirer parti pour légitimer leur deuxième plan d'attaque contre l'Iran, afin d'aller « sécuriser » les approvisionnements pour la paix dans le monde. Mais leur impopularité était devenue telle que les peuples demandaient leurs têtes.

Et l'Iran, sans tirer une seule balle de fusil, en laissant la situation pourrir, était en train de récolter sans lever un petit doigt d'énormes dividendes d'une guerre de sape planétaire anti américaine, la Chine et la Russie applaudissant en coulisses.

Le président américain convoqua le vice-président. « Qu'est-ce qu'on fait ? Le régime Iranien a tenu bon, et malgré le prix du baril, nos électeurs ne veulent pas qu'on retourne terminer le boulot ! Pourtant, ces idiots de Rumsfeld et Worlfowitz étaient persuadés qu'à la minute même où l'aura d'invincibilité dont jouissaient les mollahs serait brisée, le régime iranien allait s'effondrer, comme les anciens régimes communistes de Roumanie, d'Allemagne de l'est et d'Union Soviétique ! ».

« Hum, je t'avais dit qu'il y avait un plan de secours », répondit Dick,la mine grave.

« Ah ? Quand même ! Qu'est-ce que c'est ? »

« Moins t'en sauras, et mieux ce sera, tu peux me faire confiance. On va y retourner pour de bon », conclut Dick en tournant les talons, laissant George avec le sourire niais du gars qu'on vient de sortir de la mouise.

4 – L'attaque terroriste

Préambule :

Rappelez-vous, et là ce n'est pas de la fiction, un rapport

récent (2005) du National Intelligence Council, publié sur le site internet de la CIA et intitulé « *Pouvoirs émergents : le changement du paysage géopolitique* » (Rising Powers : The Changing Geopolitical Landscape) confortait l'idée que l'on se forge à travers la littérature spécialisée internationale, à savoir l'inquiétude grandissante du pouvoir américain face à la montée en puissance de la Chine. Très curieusement, le rapport du NIC-CIA se clôturait par une courte fiction qui dépeignait le monde en 2020. Dans le scénario – assez idyllique du point de vue des auteurs puisque les États-Unis, abattus le 11 septembre 2001, s'étaient « *relevés tels un phénix* » – on explique que cette « *Pax Americana* » avait été rendue possible par un rapprochement sans précédent avec l'Europe. Suite à un terrible attentat terroriste en 2010 en Europe, cette dernière aurait soudainement changé d'attitude et adopté la ligne politique américaine sur le sujet qui est clairement annoncée comme « *la meilleure appréciation du terrorisme catastrophe* ». Donc, face à l'émergence de la Chine et du nationalisme chinois, les États-Unis retrouveraient leur allié naturel, celui que la « *guerre des civilisations* » classe dans le même camp : l'Europe. Mais pas une « vieille Europe », par tradition rebelle à l'hégémonisme américain, une « nouvelle Europe » tellement choquée par les attentats commis en son sein qu'elle aurait basculée à corps perdu dans l'idéologie sécuritaire américaine.

Suite de l'histoire-fiction :

Le 18 juillet 2007, deux explosions détonèrent simultanément, pourtant situées à 8 000 kilomètres l'une de l'autre. L'une au Vatican, tuant plus d'un millier de personnes dont le pape Benoît XVI, l'autre à New York, dans une synagogue, à l'angle de la 5ème avenue et de la 33 ème, causant des centaines de victimes. Malheureusement, les explosifs n'étaient pas seulement puissants, mais ils étaient également « sales », très « sales »: c'est-à-dire qu'il s'agissait d'explosifs classiques emballés à l'intérieur de déchets radioactifs pulvérulents, ce qu'on appelle la bombe nucléaire du pauvre.

Le choc fut instantané, et mondial. Le 11 septembre avait causé plus de morts, mais ici, deux tabous venaient d'être franchis : le nucléaire terroriste, et l'assassinat d'un pape.

L'Europe cria sa rage, l'Italie son Vatican, l'Allemagne son pape, la France son catholicisme de fille aînée, l'Europe sa foi chrétienne. Israël pleura sa synagogue, New York ses juifs et l'Amérique la sécurité du monde libre.

La CIA et le FBI, avec l'aide des services européens et israéliens, déclarèrent le 29 juillet au soir que les preuves étaient réunies : les matériaux radioactifs provenaient d'Iran et tout montrait la responsabilité des milices Basiji envoyées par le pays phare de l'axe du mal pour détruire l'occident.

L'emprise messianique des États-Unis se resserra de toutes ses forces sur l'ONU mais la Chine refusa de voter la guerre au Conseil de sécurité. Les alliés partirent donc sans la Chine, avec une Russie qui traînait des pieds.

5 – L'invasion de l'Iran

Bon, je ne vous donnerai pas les détails d'une guerre qui dura un an et qui fit entrer la planète dans la zone que l'on qualifiera plus tard de « Troisième Guerre mondiale ». Néanmoins, sachez que l'invasion de l'Iran se déploya en trident: à partir de l'Asie centrale, de l'Irak et du Golfe. Le but premier était de prendre le contrôle de la province du

Khuzestân (à la frontière de l'Irak, et qui recèle 90 % du pétrole Iranien), et par la même occasion sécuriser le détroit d'Ormuz. Ce ne fut pas simple, les Iraniens coulèrent quelques bateaux (ils s'étaient entraînés à cela lors de manœuvres héliportées en novembre 2006) ce qui coinça le détroit d'Ormuz pour un temps et fit monter le baril à 150 dollars.

Toutefois, les Américains eurent leurs champs de pétrole.

Le but à long terme des Américains était de détacher de l'Iran les régions septentrionales azéries et de le transformer ainsi en une entité géopolitique anémiée qui n'aurait plus accès à la mer Caspienne ni à l'Asie centrale en général, ni à ses ressources en pétrole et en gaz.

Mais les choses ne vont jamais où l'on voudrait qu'elles aillent, et les soubresauts du monde iraient un jour désarçonner nos cow-boys avides de pétrole : du goudron et des plumes !

ANNEXE IV

Le risque de disparition des « puits de carbone »
(source Jean-Marc Jancovici, www.manicore.com)

Il existe deux puits naturels pour reprendre le carbone émis dans l'atmosphère, et qui absorbent aujourd'hui une partie du CO_2 en excès que nous rejetons dans l'air :

1. les écosystèmes continentaux, qui sont de « petits » puits : ils ne pourront pas retirer beaucoup plus de CO_2 que ce qu'ils font aujourd'hui ; en outre les forêts âgées n'absorbent plus de CO_2,
2. l'océan.

Il existe un risque que les puits – pris dans leur ensemble – s'atténuent puis disparaissent. En pareil cas, le système « s'emballerait », avec accumulation croissante, auto-entretenue, de gaz à effet de serre dans l'atmosphère. Personne ne sait à quel niveau d'élévation de température cela nous conduirait.

Au moins deux expériences de couplage entre évolution du

climat et évolution des puits de carbone ont été faites, l'une par le centre de modélisation britannique Hadley Centre, dont les modèles sont considérés comme étant parmi les plus avancés au monde, et l'autre par l'un des grands centres français d'étude du changement climatique, l'IPSL. Néanmoins, leur simulation ne prend pas en compte les risques liés au méthane et sous évalue donc sans doute le résultat final.

L'hypothèse de base pour les émissions anthropiques est le scénario IS92a du GIEC.

Au final, la prise en compte des interactions entre climat et cycle du carbone induit un fort surplus de l'augmentation de la température : de 5° C en 2100 (hypothèse haute du GIEC) on passerait à 8° C (ce qui rend possible 15 à 20° C d'augmentation de la température moyenne sur certaines zones continentales, et de 20 à 30° C aux pôles). Source : Hadley Centre, 2001

ANNEXE V

Le système Pantone

Inventé par Paul Pantone au début des années 1980 et appelé « PMC-GEET » (brevet international n° US005794601A1 pour le Processeur Multicarburant Geet (Global Environmental Energy Technology)), le réacteur Pantone est un dispositif qui transforme un mélange d'hydrocarbure et d'eau en un carburant gazeux peu polluant. Ce réacteur installé sur un moteur à explosion lui permet d'être plus efficace (ou de consommer moins, ce qui revient au même) et moins polluant. Le réacteur Pantone fonctionne aussi à partir de l'huile végétale, la vapeur d'huile moteur, l'alcool, etc.

En 1999, l'américain Pantone offre à tous sa « recette » de base sur internet pour que chacun puisse construire son propre réacteur et vérifier le bien fondé du système. Aussitôt, un ingénieur français, Jean-Louis Naudin, ayant trouvé ce système intéressant, fait un plan du réacteur avec son bulleur et demande à Pantone si c'était bien ainsi qu'il fallait comprendre son procédé. Pantone lui confirme que le plan est correct et l'adopte dans la foulée. Fin 1999, Jean-Louis Naudin publie ce plan sur son site http://www.jlnlabs.org/. Après les premiers essais concluants en 2000, les premières mesures de contrôle de pollution effectuées, les premières vidéos tournées, tout est mis en ligne sur le site de Jean-Louis Naudin.

En 2001 : un élève ingénieur de l'ENSAIS à Strasbourg, Christophe Martz, présente au jury son banc d'essai d'un PMC Pantone, il obtient son diplôme d'ingénieur (pour télécharger son rapport d'expérimentations et d'analyses, voir à : http://www.econologie.com/articles.php?lng=fr&pg=93

En février 2003, c'est le premier témoignage de montage sur voiture, officiellement publié sur le site de Quanthomme.org. Au 6 février 2006, ce sont 127 réalisations connues par l'organisation française Quanthomme, dont plus de 63 sur gros moteurs de tracteurs, voitures, pelles mécaniques... La première voiture équipée du système Pantone en France, depuis février 2003, vient de parcourir 80000 km sans problème. Elle a réalisé entre 25 % et 50 % d'économie d'essence sans perte de puissance avec une pollution moindre : un mouchoir blanc en sortie d'échappement reste blanc.

Les services de recherche des grands constructeurs automobiles explorent des domaines complexes (explosions stratifiées, culasses mobiles, injections très haute pression, moteurs hybrides), « électronisent » les systèmes embarqués jusqu'à plus soif, et s'échinent à traiter la pollution persistante des moteurs par des solutions complexes et insatisfaisantes : pot catalytique, filtre à particules, etc. Dès lors, on s'explique mal pourquoi aucun constructeur n'a jamais proposé, même en tant que prototype, une automobile dotée d'un moteur classique fonctionnant avec un système Pantone, très facilement « surajoutable », témoin les centaines de bricoleurs qui ont réalisé le montage sans rien modifier ni du moteur d'origine ni de son carburant principal. Pire, les attaques dont fut victime Paul Pantone aux États-Unis, qui l'envoyèrent en prison pour des raisons non élucidées, montrent qu'il y a là comme une volonté souterraine de garder tout cela sous le boisseau. Ce système très simple fonctionne merveilleusement, sans que les physiciens qualifiés comprennent exactement le pourquoi de la chose, car cela met finalement en jeu des concepts physique poussés. Le Dr Andreas Kurt Richter écrit en 1995 :

« En ma qualité de consultant auprès de Paul Pantone, je recherche des explications scientifiques et techniques pour comprendre le fonctionnement de l'appareil. Selon mes connaissances du moment ça ne devrait pas fonctionner. Si je ne l'avais vu, de mes yeux vu, je ne le croirais pas. À mon avis, Pantone a inventé un appareil stupéfiant ou un moteur d'un potentiel inouï. J'ai observé le moteur entraînant une charge mécanique conçue selon mes directives : il fonctionnait avec une efficacité incroyable et une surprenante absence de pollution à l'échappement. La durée de fonctionnement a été suffisamment longue ce qui prouvait que l'appareil fonctionnait bien au-delà du point où on utilise les composants les plus volatils du mélange du carburant. »

« Couplera-t-on un jour ce gadget ultra-simple au cul d'une puissante centrale thermique ? J'aimerai vivre assez vieux pour voir cela », lance le physicien Jean-Pierre Petit après avoir assisté à une démonstration convaincante de l'appareil. Petit pense que la remarquable efficacité du moteur viendrait du fait qu'il mettrait en œuvre une « catalyse électrodynamique » extrêmement astucieuse.

Heureusement, une entreprise individuelle et citoyenne s'est formée pour promouvoir cette solution et le soufflé n'est pas prêt de retomber malgré la politique de l'Autruche menée par les constructeurs automobiles.

ANNEXE VI

« Sauvons le Gulf Stream » et autres mesures…

Une idée à concrétiser : la mise en place d'une instance internationale, émanation de l'ONU par exemple, destinée à planifier des actions de lutte en coopération contre le bouleversement climatique.

Parmi l'ensemble des actions possibles, je propose celles-ci :
– sauver le Gulf Stream,
– accentuer l'effet parasol.

Sauvons le Gulf Stream

L'homme connaît d'assez prêt les quantités et les mouvements d'eau douce qui se glissent dans l'arctique et viennent adoucir les eaux marines. Cette quantité en augmentation est due pour partie au réchauffement des températures. Ces eaux proviennent des glaciers du Groenland, de la glace de la calotte et de l'augmentation des débits des grands fleuves sibériens qui se jettent dans l'océan arctique. Or la salinité océanique est le moteur de ce grand courant du Gulf Stream dont l'existence apporte non seulement un climat tempéré sur l'Europe mais également une pluviométrie respectable sur les tropiques. L'apport d'eau douce excédentaire perturbe ce moteur qui a déjà perdu 20 % de sa puissance et risque-tout simplement de caler dans les décades à venir. Que peut-on faire pour endiguer cette tendance, à part arrêter du jour au lendemain de relâcher du CO_2 dans l'atmosphère et prier pour que ce que l'on y a déjà mis ne nous entraîne pas dans un réchauffement trop important ?

Ma proposition est de « resaliniser » la région de l'océan arctique où le Gulf Stream plonge dans les profondeurs pour repartir vers le sud. Aussi « utopique » que l'idée puisse paraître, elle n'est pas irréalisable (un litre d'eau contient 35 grammes de sel).

Organisons une noria de bateaux chargés de sel vers le pole nord. La région stratégique qui constitue la pompe du courant pourrait être quadrillée, à la fois en surface, à mi-profondeur et jusqu'au fond par un dispositif de filets réutilisables chargés en sel. Ces ballots seraient en permanence réalimentés par une noria de bateaux transporteurs venant des quatre coins du monde.

Il faudrait beaucoup de sel, certes, mais nous en disposons à volonté au sein des océans. D'autant que le prélèvement du sel serait entièrement compensé par sa remise en eau dans l'arctique et offrirait un bilan neutre.

Par ailleurs, on peut tenter d'enrayer le phénomène de fonte des glaciers qui contribue au freinage de la pompe océanique. Au Groenland notamment, la vitesse de précipitation des glaciers dans l'océan s'est considérablement accrue ces dernières années. Le responsable de ce gain de rapidité est l'eau de fonte qui s'immisce entre le fond du glacier et le soubassement rocheux. L'eau interstitielle agit alors comme un lubrifiant qui va littéralement porter les immenses masses vers leur destin à une allure démultipliée. L'augmentation de la fonte en volume d'eau n'a donc rien à voir avec le résultat de l'augmentation finale d'eau douce dans l'océan qui est dramatiquement plus élevée à cause du simple fait que ce sont des montagnes entières de glace ferme qui tombent dans l'océan, emportées sur un tapis de « souris ».

En fichant des pieux dans la glace jusqu'à la roche, je pense qu'il n'est pas impossible de ralentir la chute vertigineuse d'un glacier en lui procurant des points d'ancrage. Une solution plus riche consisterait à « regeler » le socle glaciaire, tout au moins par endroits.

Le coût de telles opérations, même démesuré, est à mettre en face du coût d'un échec qui dépasse l'imaginable. Nous ne dépenserons jamais assez pour préserver le futur de notre espèce.

Accentuer l'effet parasol

L'effet parasol existe d'ores et déjà. D'origine naturelle (volcans, déserts, etc.) ou liés à la pollution telles que les fumées industrielles, les poussières issues des feux agricoles, les particules contenues dans les gaz d'échappement, plusieurs millions de tonnes d'aérosols sont émis chaque jour dans l'atmosphère. En interceptant le rayonnement solaire et en le renvoyant en partie dans l'espace, ils contribuent à une baisse de la température par « effet parasol ».

Annexe 6

Accentuer ce phénomène par un mécanisme entièrement contrôlé et neutre pour l'écosystème permettrait à l'homme de lutter contre l'effet de serre. De quelle manière ? En fabriquant par exemple des tonnes de particules neutres ayant une faculté de biodégradation rapide (un an ou deux), particules qu'on émettrait du sol.

RÉFÉRENCES BIBLIOGRAPHIQUES

Jean-Marc Jancovici et Alain Grandjean : *Le plein s'il vous plaît*, Seuil, 2006.

Jean-Michel Valantin : *Menaces climatiques sur l'ordre mondial*, Lignes de repères, 2005.

Nicolas Hulot : *Le syndrome du Titanic*, Calmann Levy, 2004.

Philippe Desbrosses : *La Terre malade des hommes,* le Rocher, 1990.

Mohamed Larbi Bouguerra : *Les batailles de l'eau*, Enjeux Planète, 2003.

François Veillerette : *Pesticides, le piège se referme*, Terre vivante, 2003.

Noam Chomsky : *Dominer le monde ou sauver la planète ?* Fayard, 2004.

Georges Mutin : *L'eau dans le monde arabe*, Ellipses, 2000.

De Lestrange, Paillard, Zelenko : *Géopolitique du pétrole,* Technip, 2005.

Catherine Kaminsky : *La géopolitique et ses enjeux,* Milan, 200.5

Philippe Moreau Defarges : *Relations internationales,* Seuil, 2003.

Joseph Stiglitz : *Quand le capitalisme perd la tête*, Fayard, 2002.

André-Jacques Holbecq : *Un regard citoyen sur l'économie*, Yves Michel, 2002.
André-Jacques Holbecq : *Une alternative de société : l'éco-sociétalisme*, Yves Michel, 2005.
Jean Ziegler : *L'empire de la honte*, Fayard, 2005.
Éric Laurent : *La face cachée du pétrole*, Plon, 2006.
Yves Paccalet : *L'humanité disparaîtra, bon débarras !* Arthaud, 2006.
Serge Latouche, Bernard Guibert : *Antiproductivisme, altermondialisme, décroissance,* Parangon/vs, 2006.
Yves Cochet : *Pétrole apocalypse*, Fayard, 2005.

TABLE DES MATIERES

Chez le même éditeur

Dans la collection « L'homéopathie au quotidien »

Initiation à l'homéopathie
Comment guérir les problèmes respiratoires par l'homéopathie
Pierre Chély

Dans la collection « Mieux-être »

Changez votre futur par les ouvertures temporelles
Lucile et Jean-Pierre Garnier Malet

Pour en finir avec les allergies récidivantes
Docteur Luc Bodin

Deux mois pour changer sa vie
Jean-Paul Gréven

Les clés du mieux-être
Docteur Marianne Dencausse

Pour être tenu informé de nos publications
vous pouvez écrire à

Editions Le Temps Présent
SARL JMG éditions
8, rue de la mare
80290 Agnières

tel. 03 22 90 11 03
fax. 03 22 90 17 28
email : jmg-editions@wanadoo.fr
site internet : www.parasciences.net

Imprimé en France
par JMG éditions
80290 Agnières
dépôt légal février 2007